BEGINNER'S IRISH DICTIONARY

Helen Davies
Translated by Yvonne Carroll
Illustrated by John Shackell
Designed by Brian Robertson

Gill & Macmillan

béasach	polite
míbhéasach	rude
flaithiúil	generous
amaideach	silly
cúthail	shy
cairdiúil	friendly
greannmhar	funny
croíúil	cheerful
ainnis	miserable

craiceann	complexion	ag caitheamh spéaclaí	wearing glasses
dúchraicneach	dark	grainc	frown
gealchraicneach	fair	ag déanamh miongháire	smiling
bricneach	freckles		
croiméal	moustache	ag gáire	laughing
féasóg	beard	ag gol	crying

9

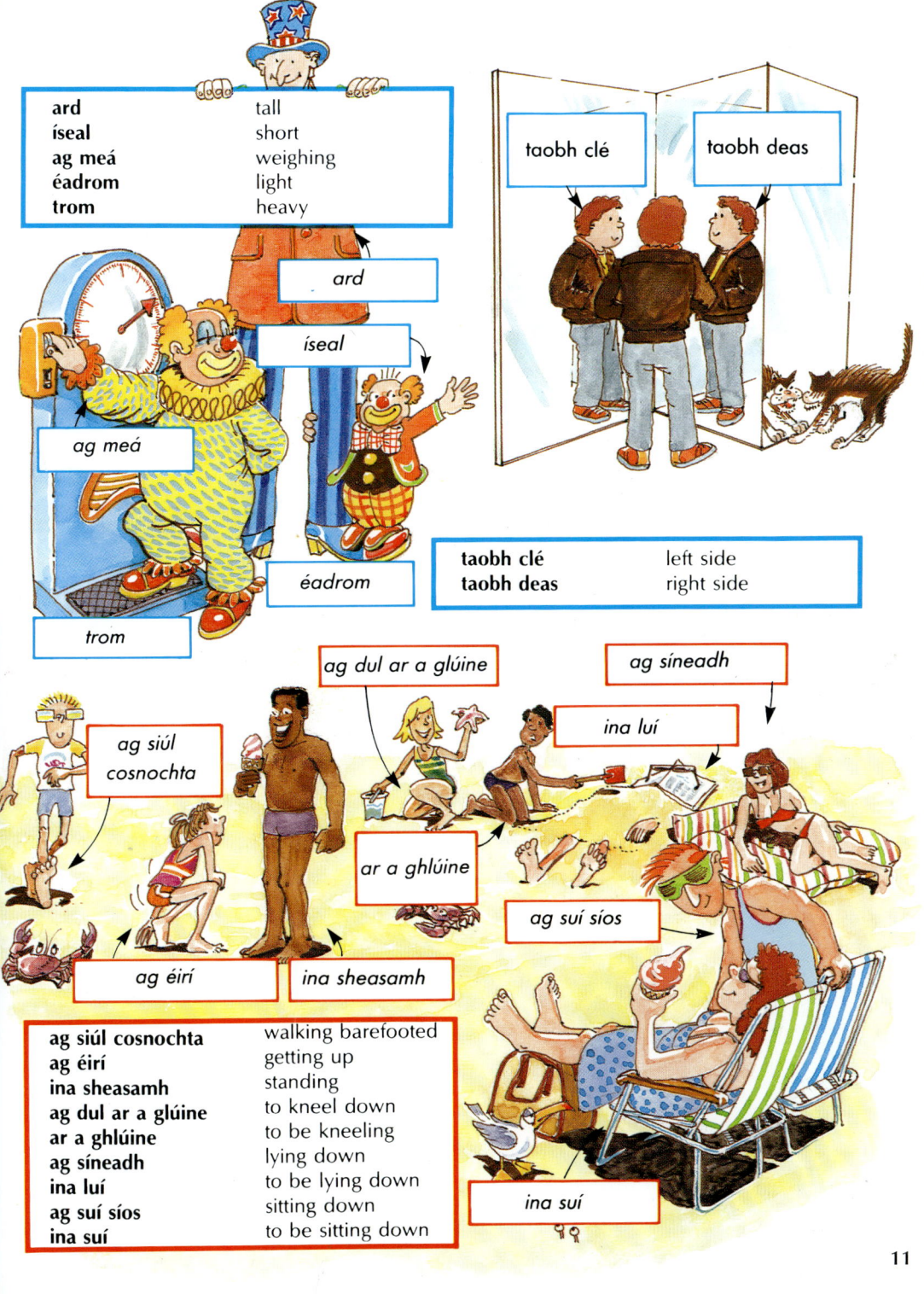

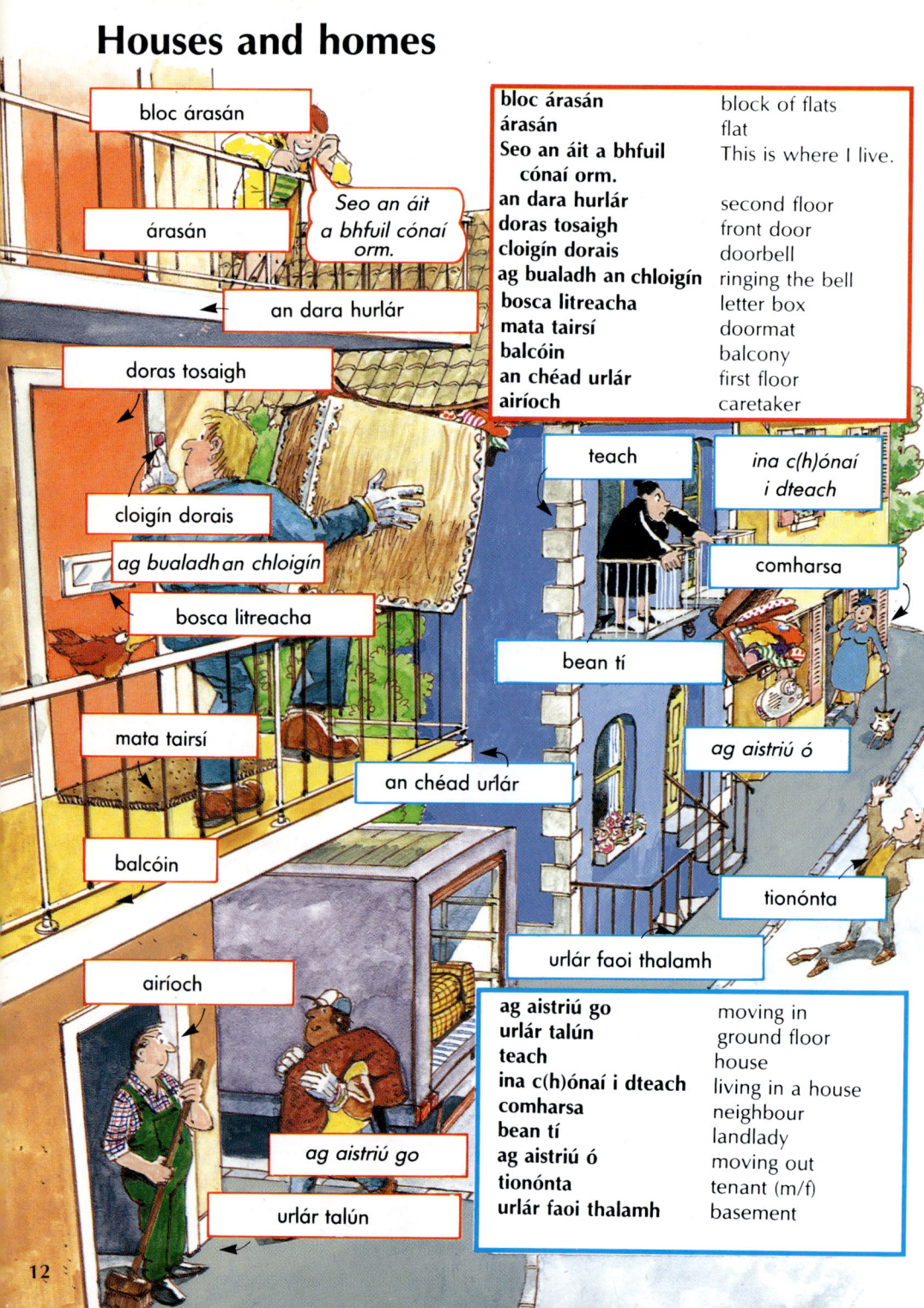

Houses and homes

bloc árasán	block of flats
árasán	flat
Seo an áit a bhfuil cónaí orm.	This is where I live.
an dara hurlár	second floor
doras tosaigh	front door
cloigín dorais	doorbell
ag bualadh an chloigín	ringing the bell
bosca litreacha	letter box
mata tairsí	doormat
balcóin	balcony
an chéad urlár	first floor
airíoch	caretaker

ag aistriú go	moving in
urlár talún	ground floor
teach	house
ina c(h)ónaí i dteach	living in a house
comharsa	neighbour
bean tí	landlady
ag aistriú ó	moving out
tionónta	tenant (m/f)
urlár faoi thalamh	basement

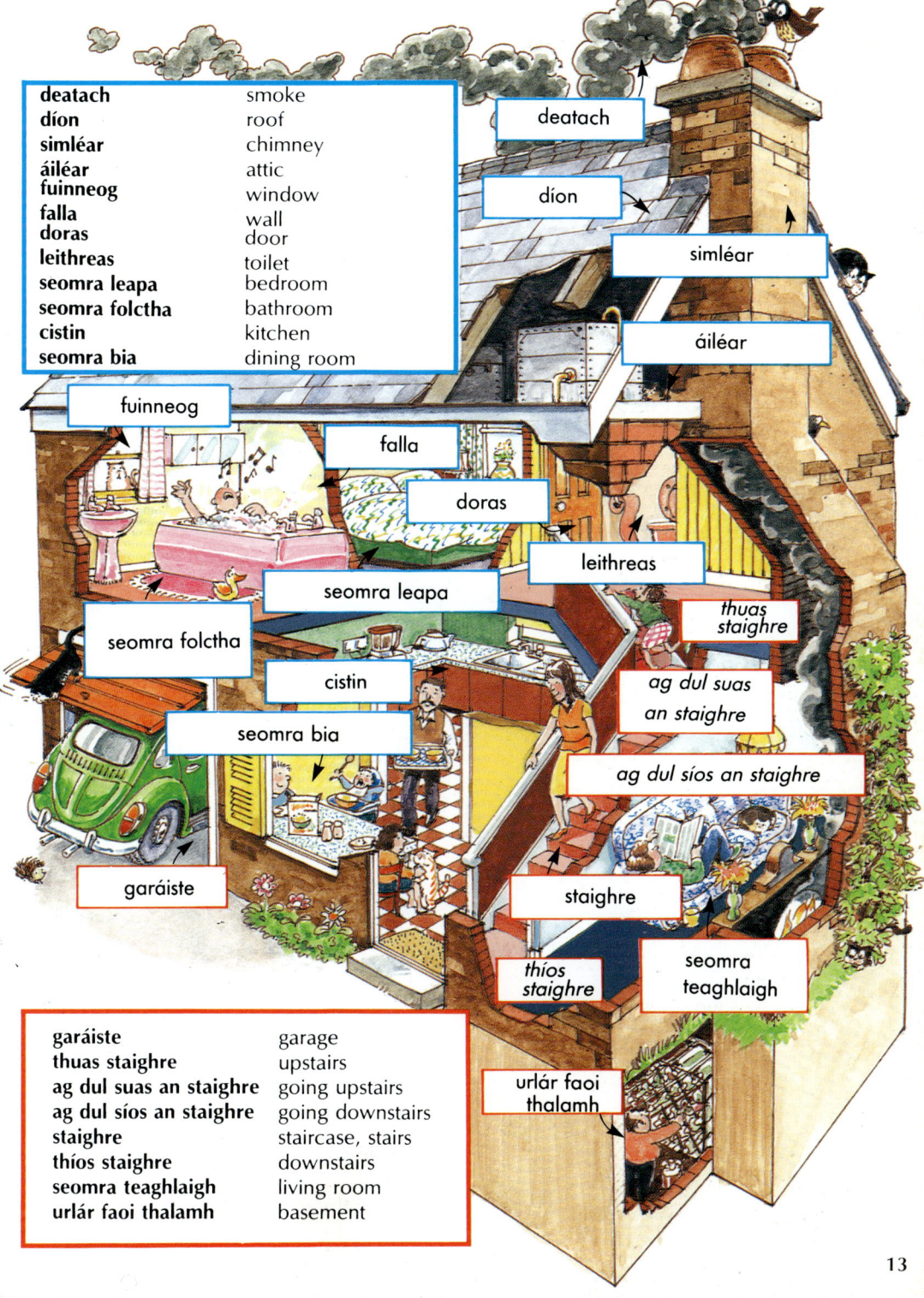

Dining room and living room

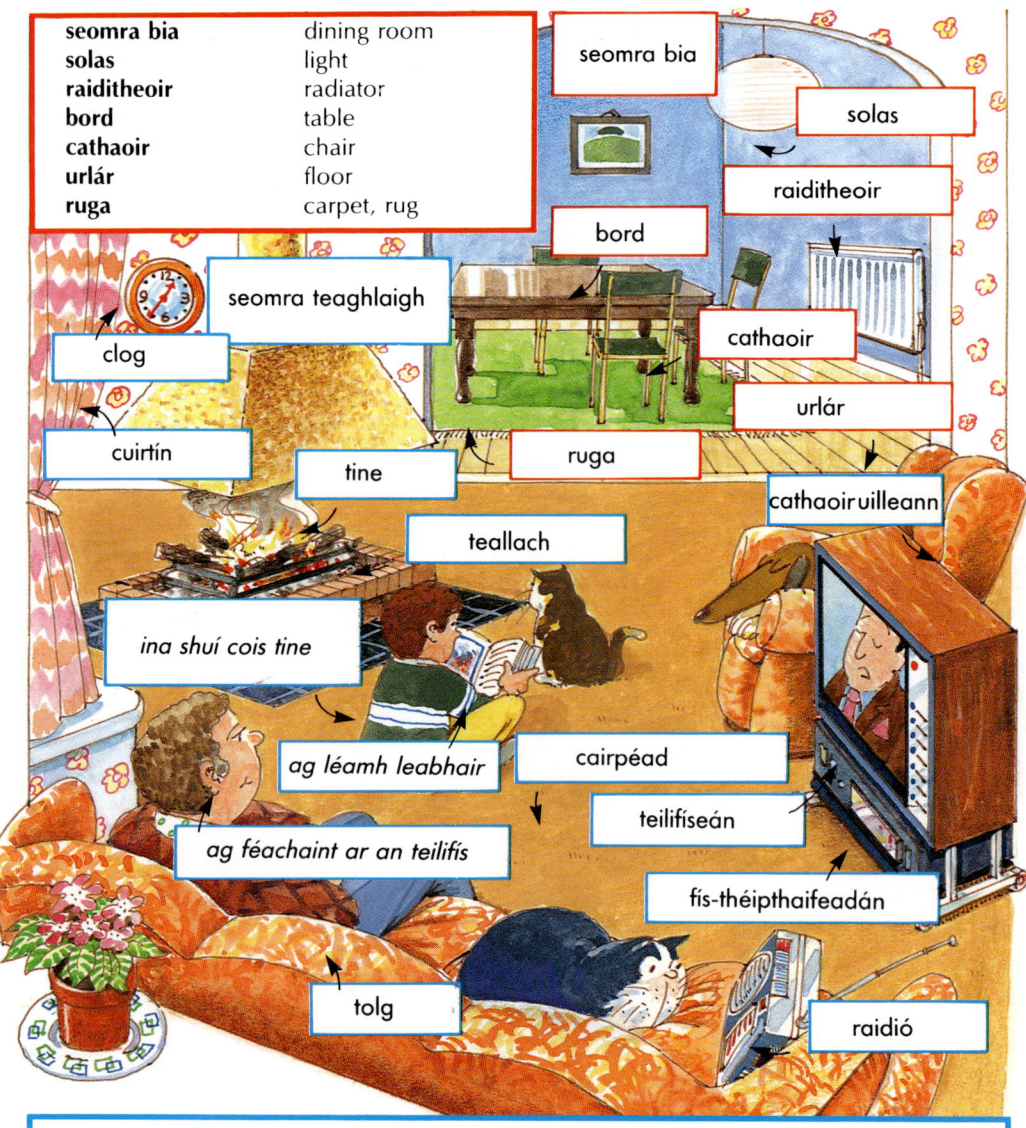

seomra bia	dining room		
solas	light		
raidiitheoir	radiator		
bord	table		
cathaoir	chair		
urlár	floor		
ruga	carpet, rug		
seomra teaghlaigh	living room	ag léamh leabhair	reading a book
clog	clock	ag féachaint ar an teilifís	watching television
cuirtín	curtain		
tine	fire	tolg	sofa
teallach	fireplace	cairpéad	carpet
cathaoir uilleann	armchair	teilifíseán	television
ina shuí cois tine	sitting at the fire	fís-théipthaifeadán	video
		raidió	radio

In the kitchen

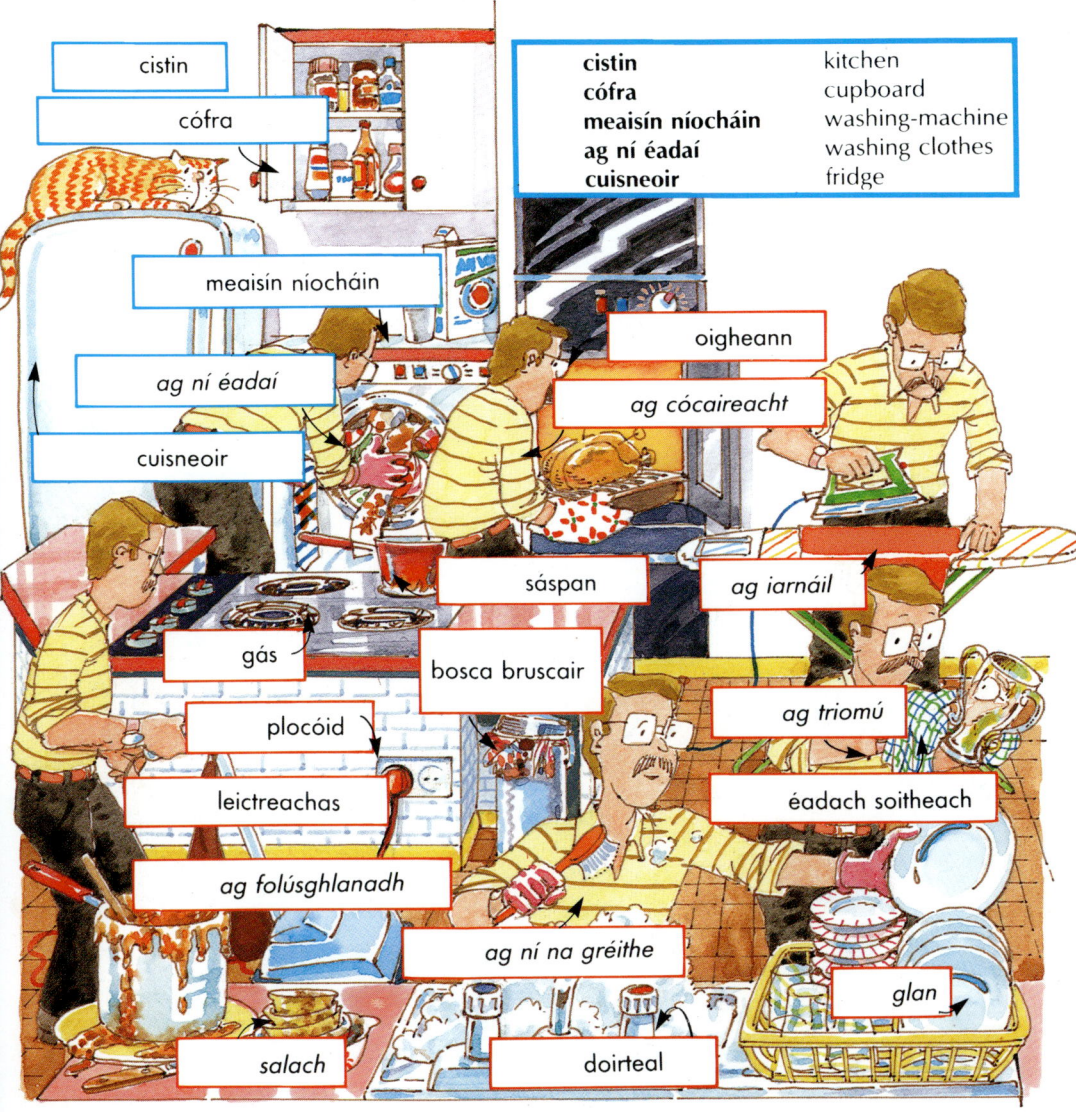

cistin	kitchen
cófra	cupboard
meaisín níocháin	washing-machine
ag ní éadaí	washing clothes
cuisneoir	fridge

oigheann	oven	**ag folúsghlanadh**	vacuuming
ag cócaireacht	cooking	**ag ní na gréithe**	washing-up
sáspan	saucepan	**salach**	dirty
gás	gas	**doirteal**	sink
bosca bruscair	bin	**ag triomú**	drying
ag iarnáil	ironing	**éadach soitheach**	tea towel
plocóid	plug	**glan**	clean
leictreachas	electricity		

15

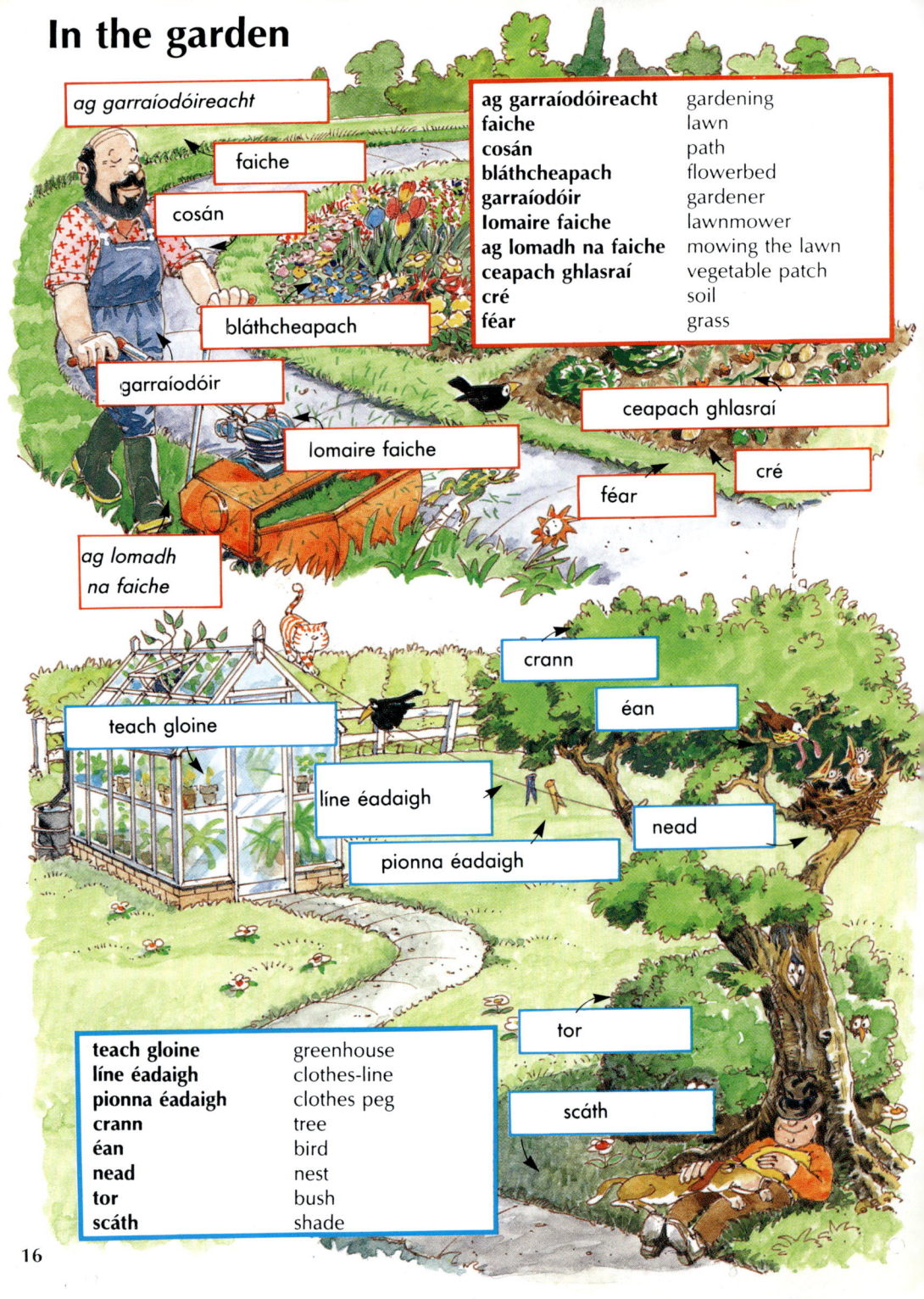

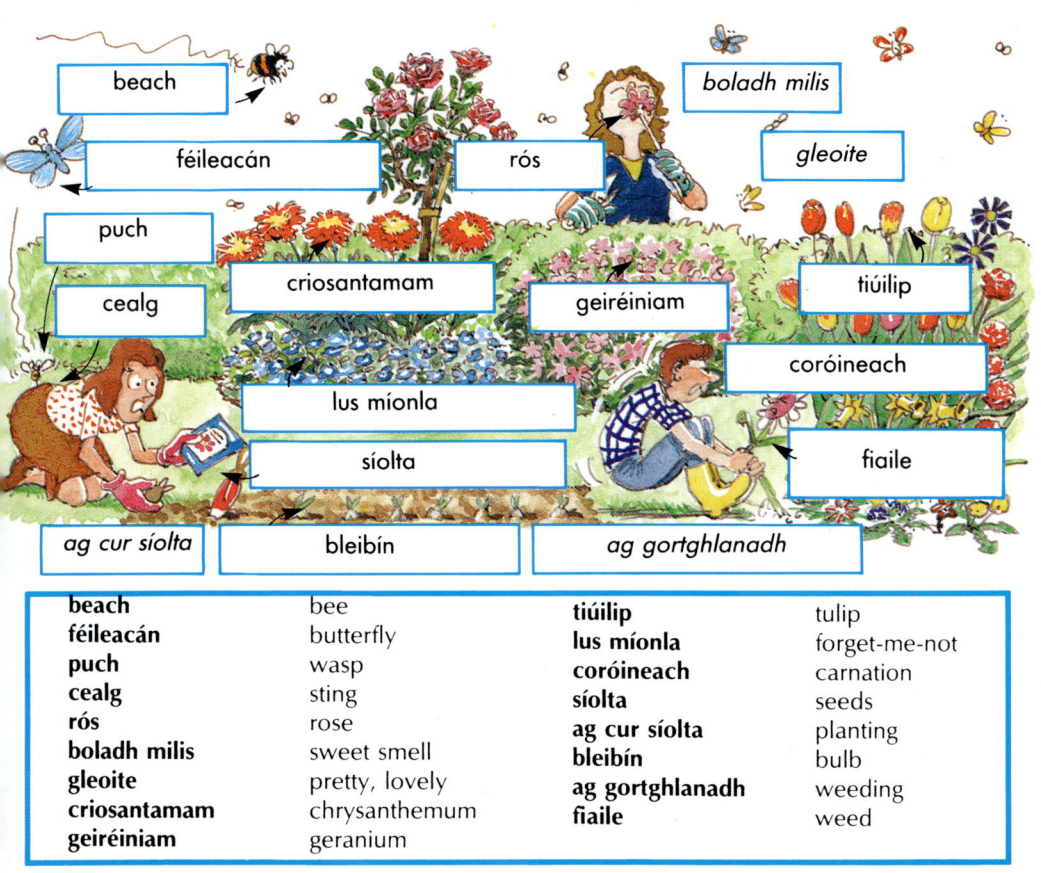

beach	bee	**tiúilip**	tulip
féileacán	butterfly	**lus míonla**	forget-me-not
puch	wasp	**coróineach**	carnation
cealg	sting	**síolta**	seeds
rós	rose	**ag cur síolta**	planting
boladh milis	sweet smell	**bleibín**	bulb
gleoite	pretty, lovely	**ag gortghlanadh**	weeding
criosantamam	chrysanthemum	**fiaile**	weed
geiréiniam	geranium		

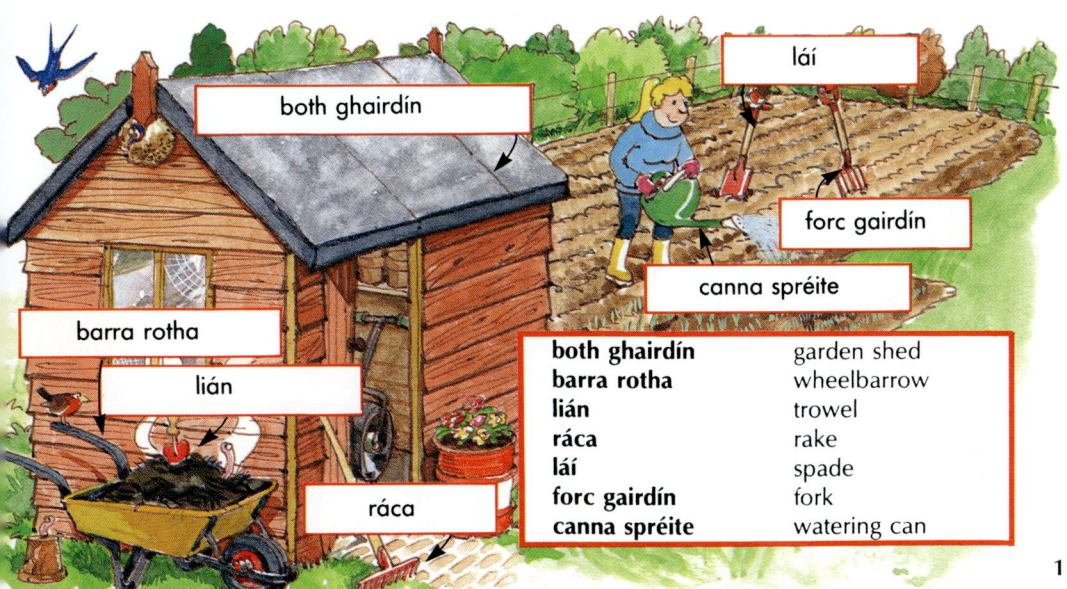

both ghairdín	garden shed
barra rotha	wheelbarrow
lián	trowel
ráca	rake
láí	spade
forc gairdín	fork
canna spréite	watering can

Pets

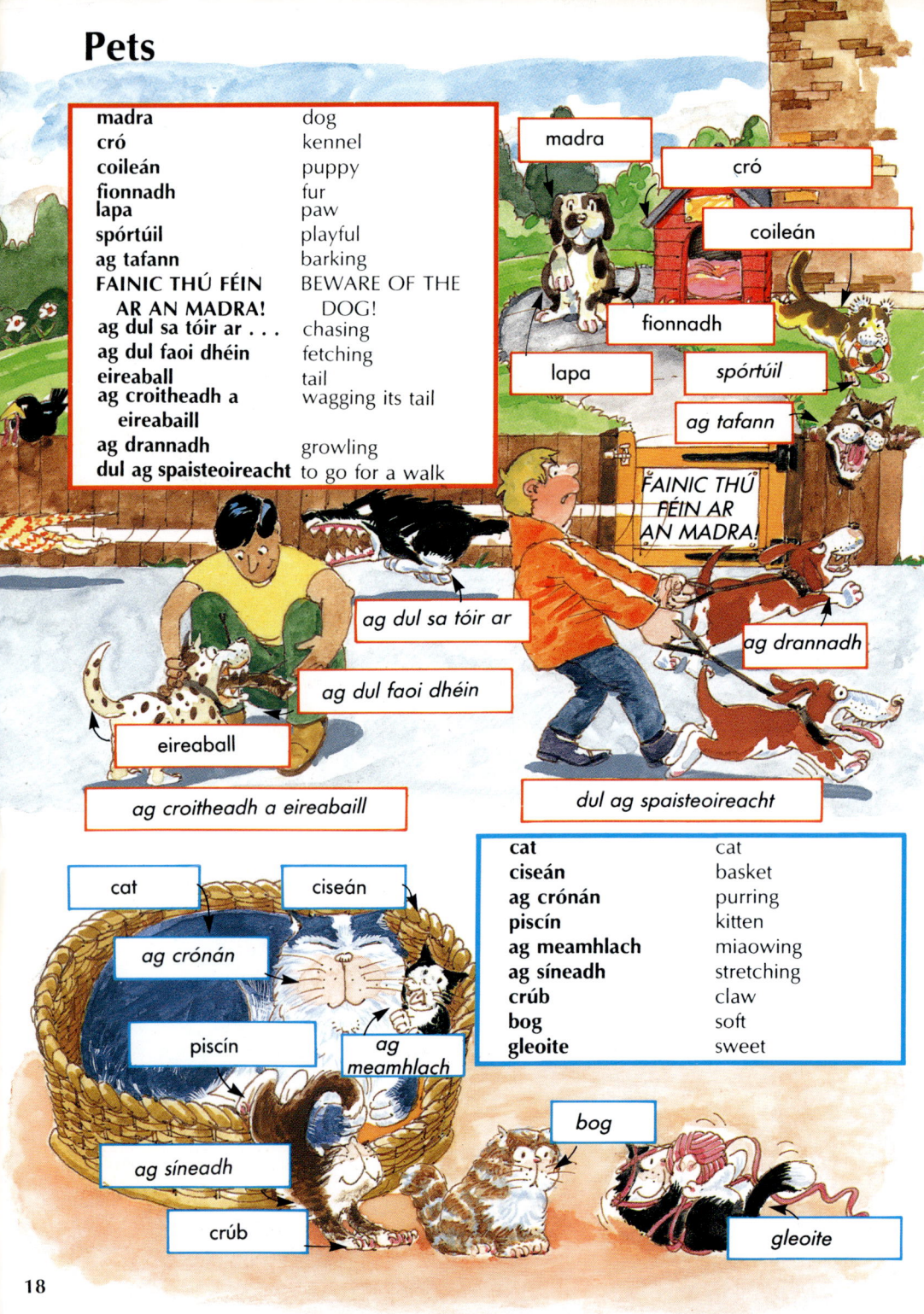

madra	dog
cró	kennel
coileán	puppy
fionnadh	fur
lapa	paw
spórtúil	playful
ag tafann	barking
FAINIC THÚ FÉIN AR AN MADRA!	BEWARE OF THE DOG!
ag dul sa tóir ar . . .	chasing
ag dul faoi dhéin	fetching
eireaball	tail
ag croitheadh a eireabaill	wagging its tail
ag drannadh	growling
dul ag spaisteoireacht	to go for a walk

cat	cat
ciseán	basket
ag crónán	purring
piscín	kitten
ag meamhlach	miaowing
ag síneadh	stretching
crúb	claw
bog	soft
gleoite	sweet

canáraí	canary	**coinín**	rabbit
ar fara	perching	**tortóis**	tortoise
sciathán	wing	**cás**	cage
gob	beak	**ag cothú**	feeding
cleite	feather	**iasc órga**	goldfish
hamstar	hamster	**luch**	mouse
gráinneog	hedgehog	**babhla**	bowl
muc ghuine	guinea pig		

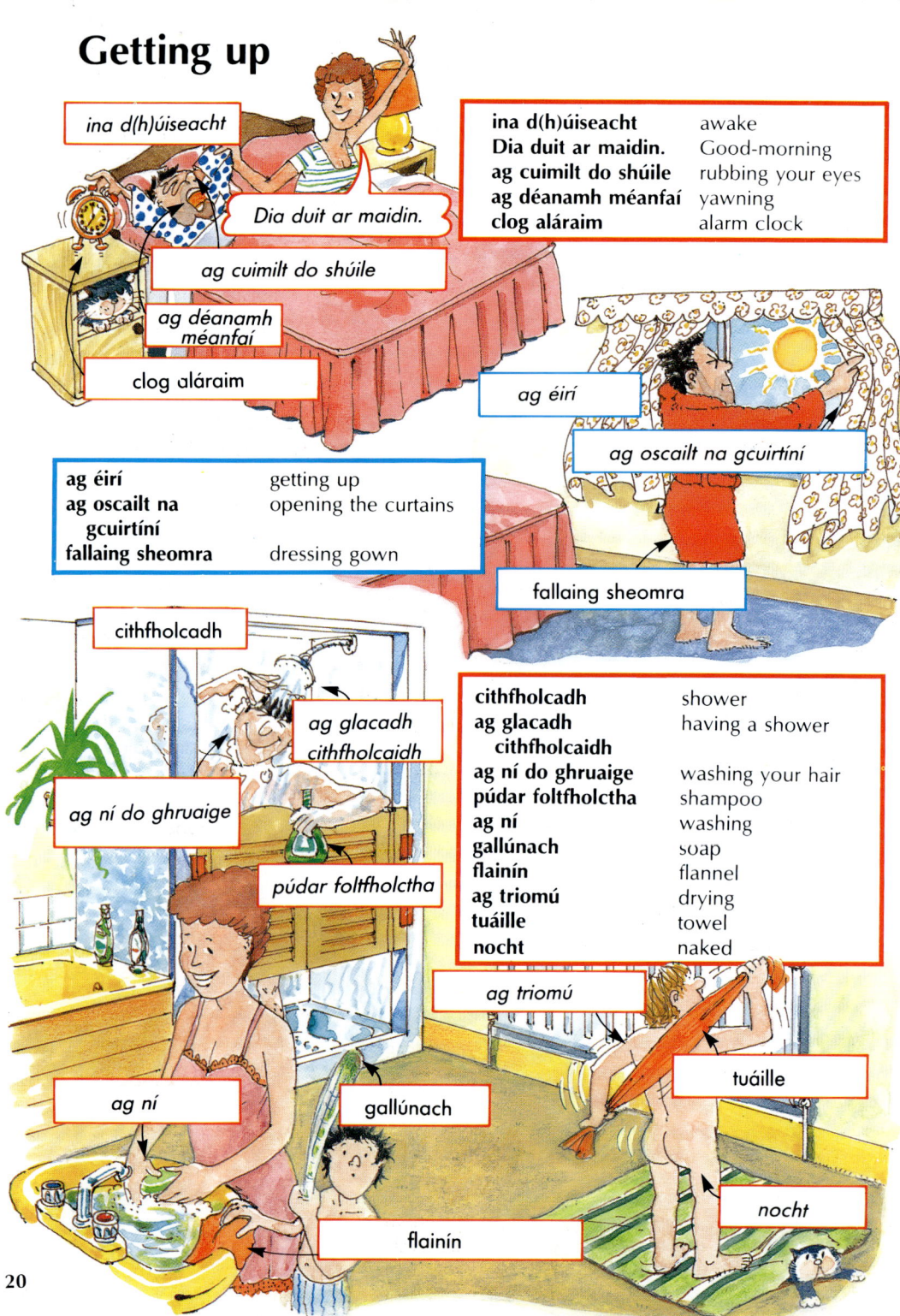

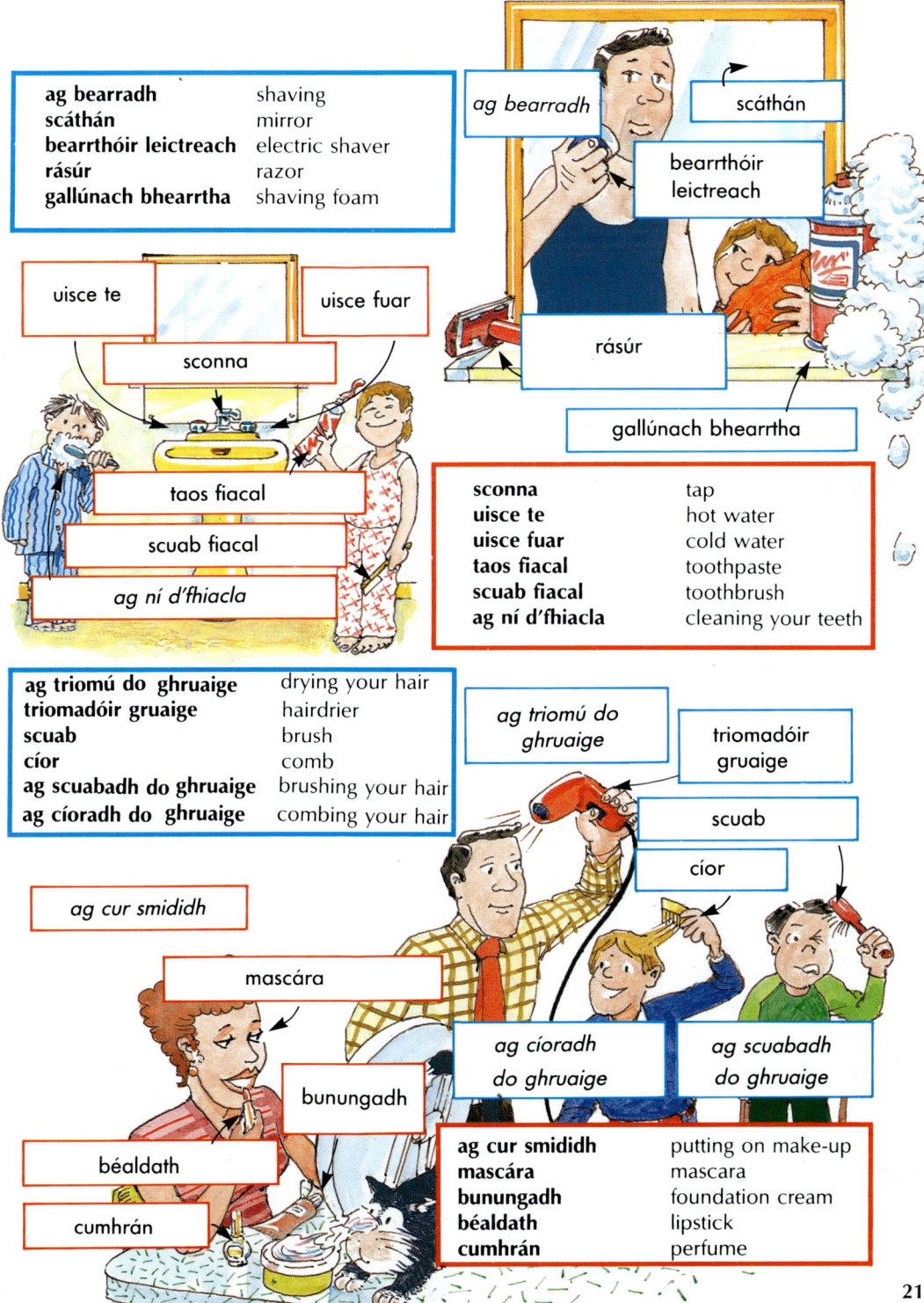

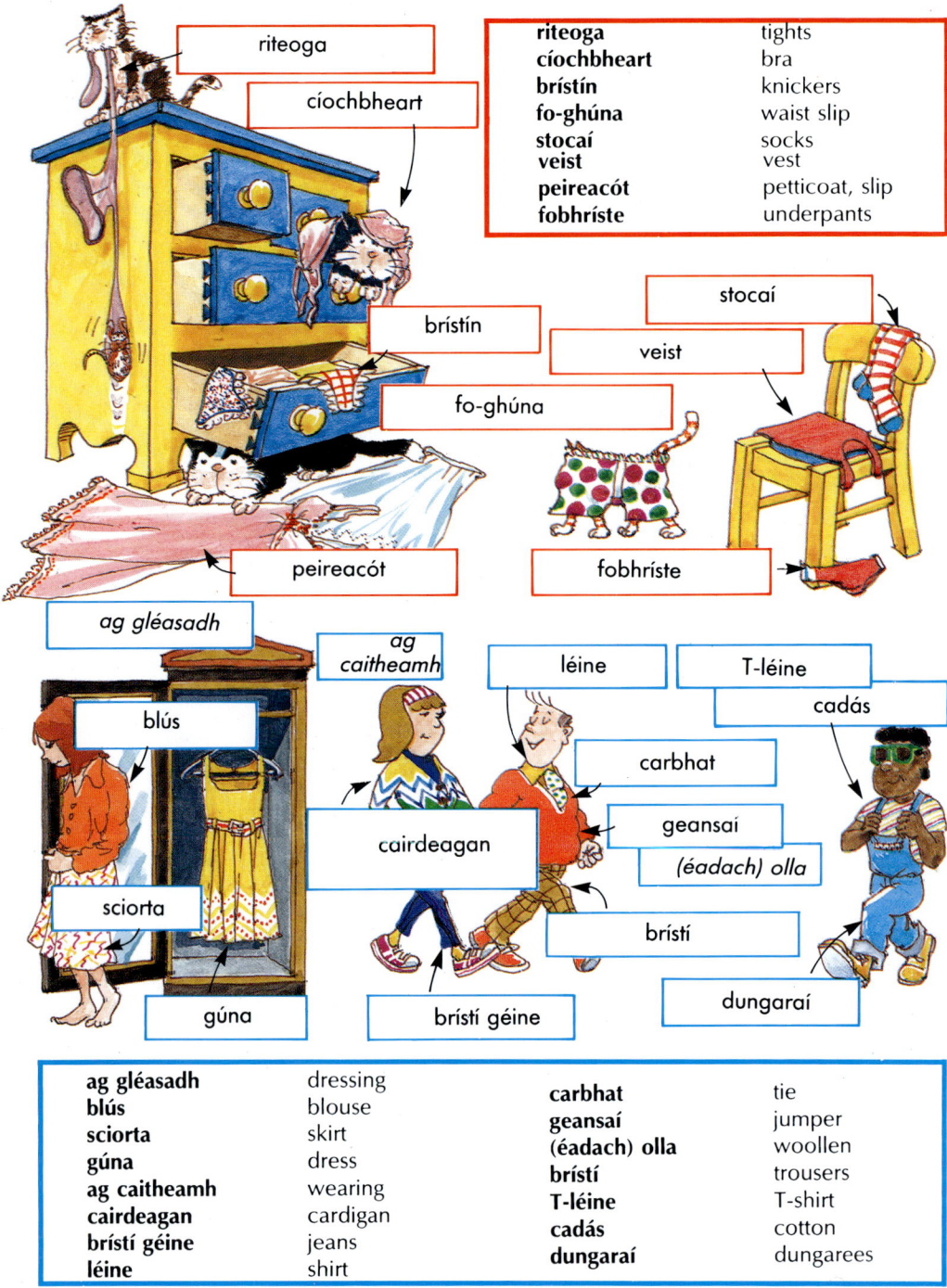

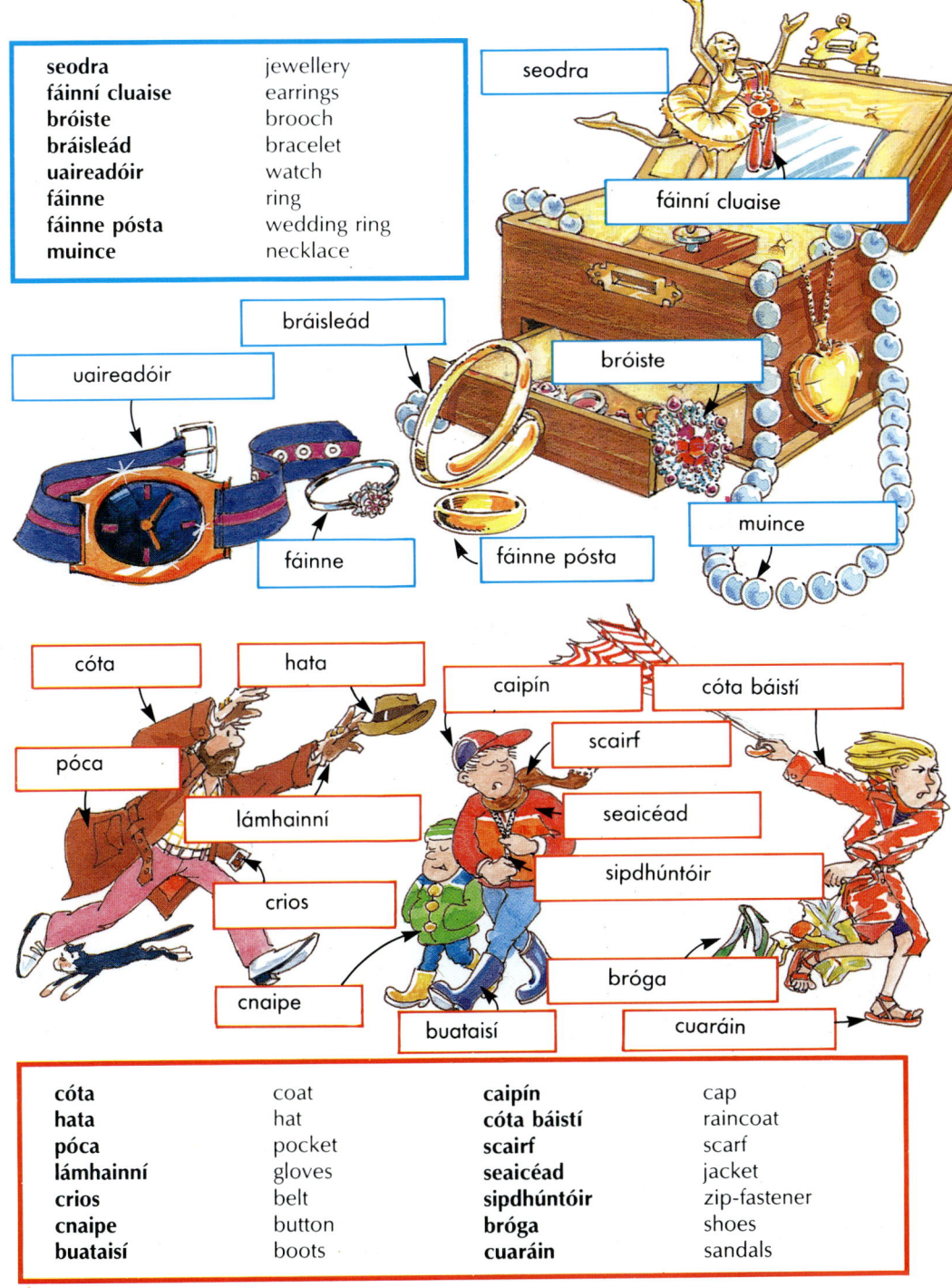

Going to bed

am codlata	bedtime
ag lasadh an tsolais	switching on the light
codlatach	sleepy
ag cur slacht ar	tidying up
ag baint a gcuid éadaí	getting undressed

ag líonadh an fholcadáin	running the bath
ag glacadh folcaidh	having a bath
folcadán	bath
stopallán	plug
fallaing fholctha	bathrobe
ag stealladh uisce	splashing
mata folcadáin	bathmat
meá	scales

Eating and drinking

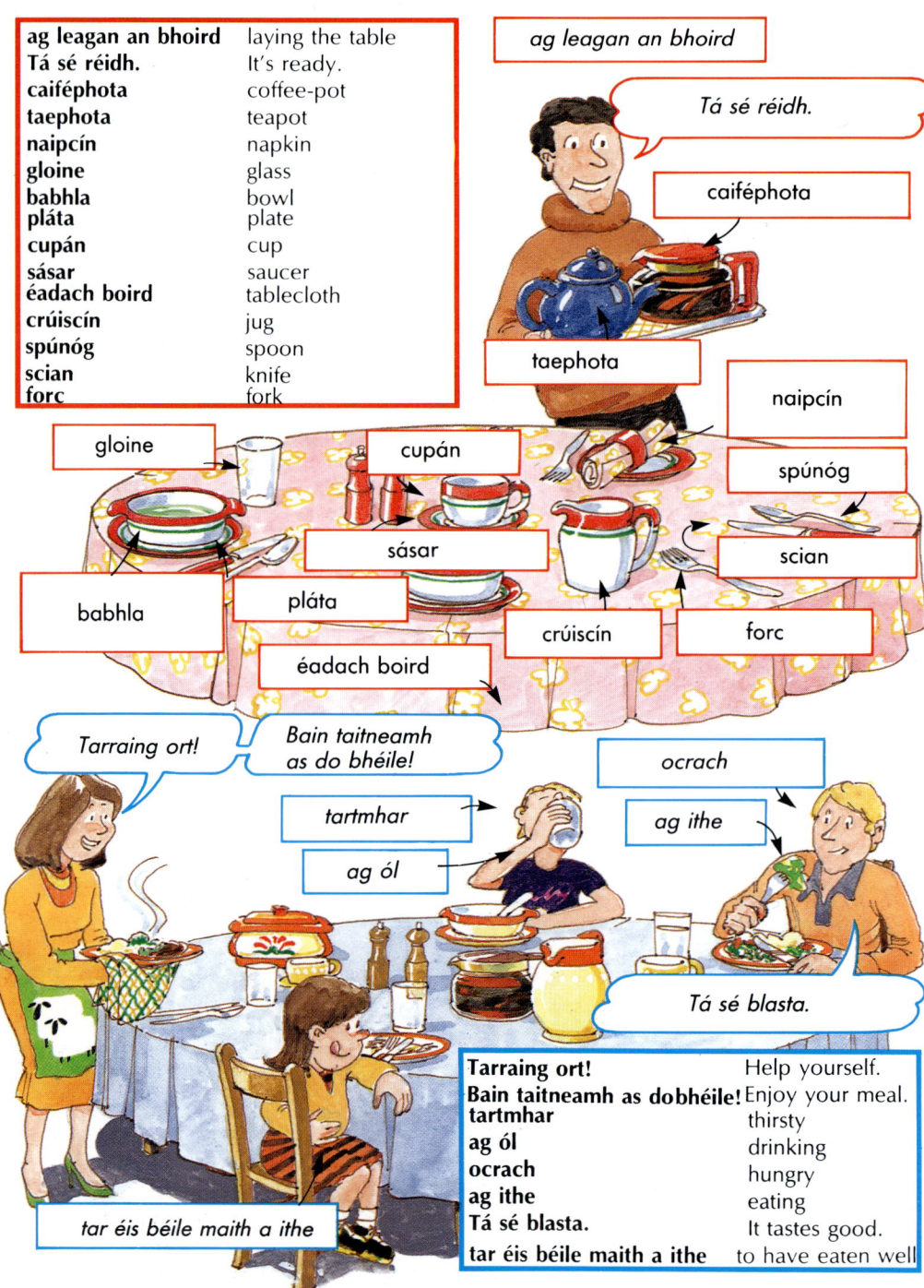

ag leagan an bhoird	laying the table
Tá sé réidh.	It's ready.
caiféphota	coffee-pot
taephota	teapot
naipcín	napkin
gloine	glass
babhla	bowl
pláta	plate
cupán	cup
sásar	saucer
éadach boird	tablecloth
crúiscín	jug
spúnóg	spoon
scian	knife
forc	fork

Tarraing ort!	Help yourself.
Bain taitneamh as do bhéile!	Enjoy your meal.
tartmhar	thirsty
ag ól	drinking
ocrach	hungry
ag ithe	eating
Tá sé blasta.	It tastes good.
tar éis béile maith a ithe	to have eaten well

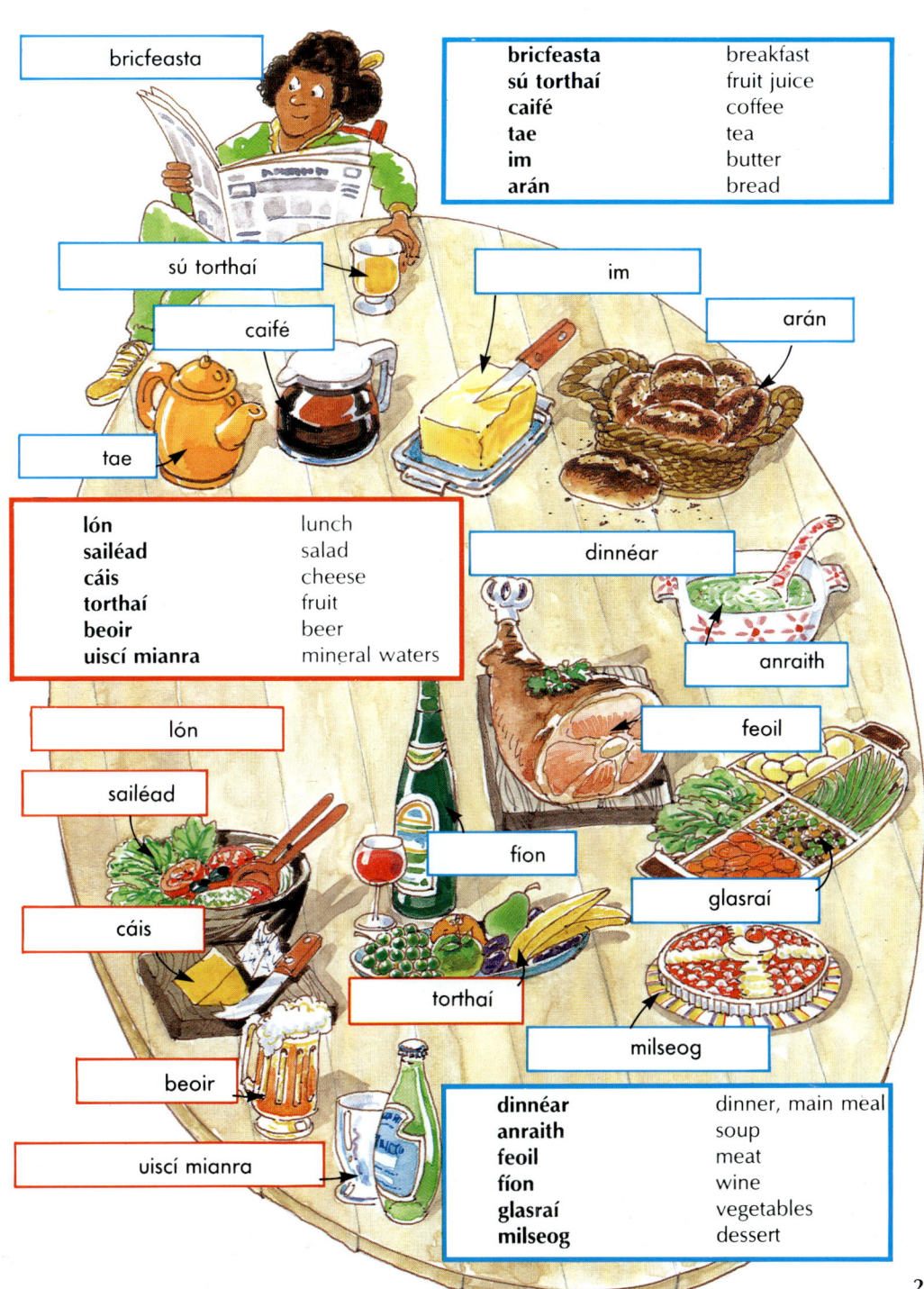

Buying food

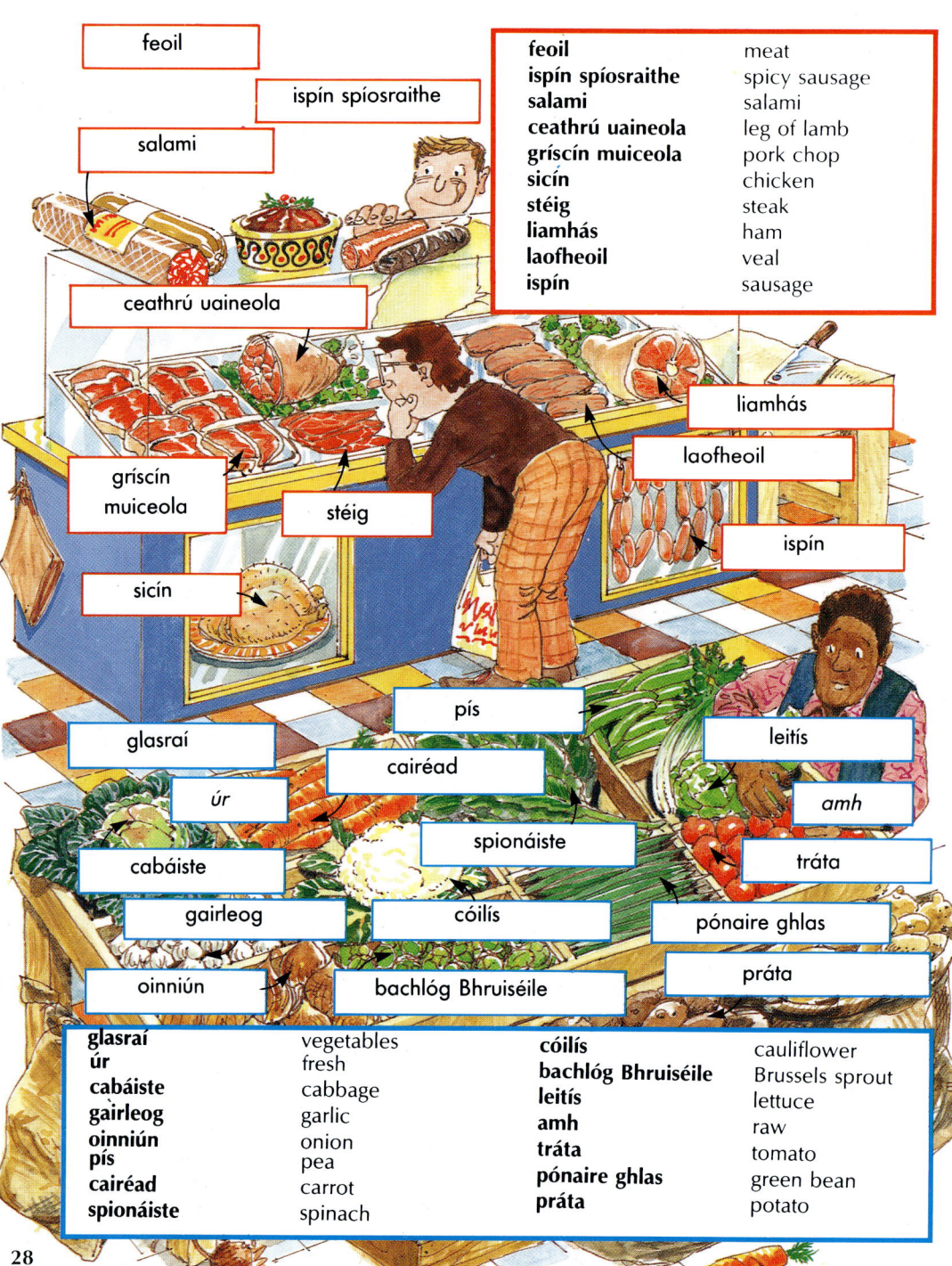

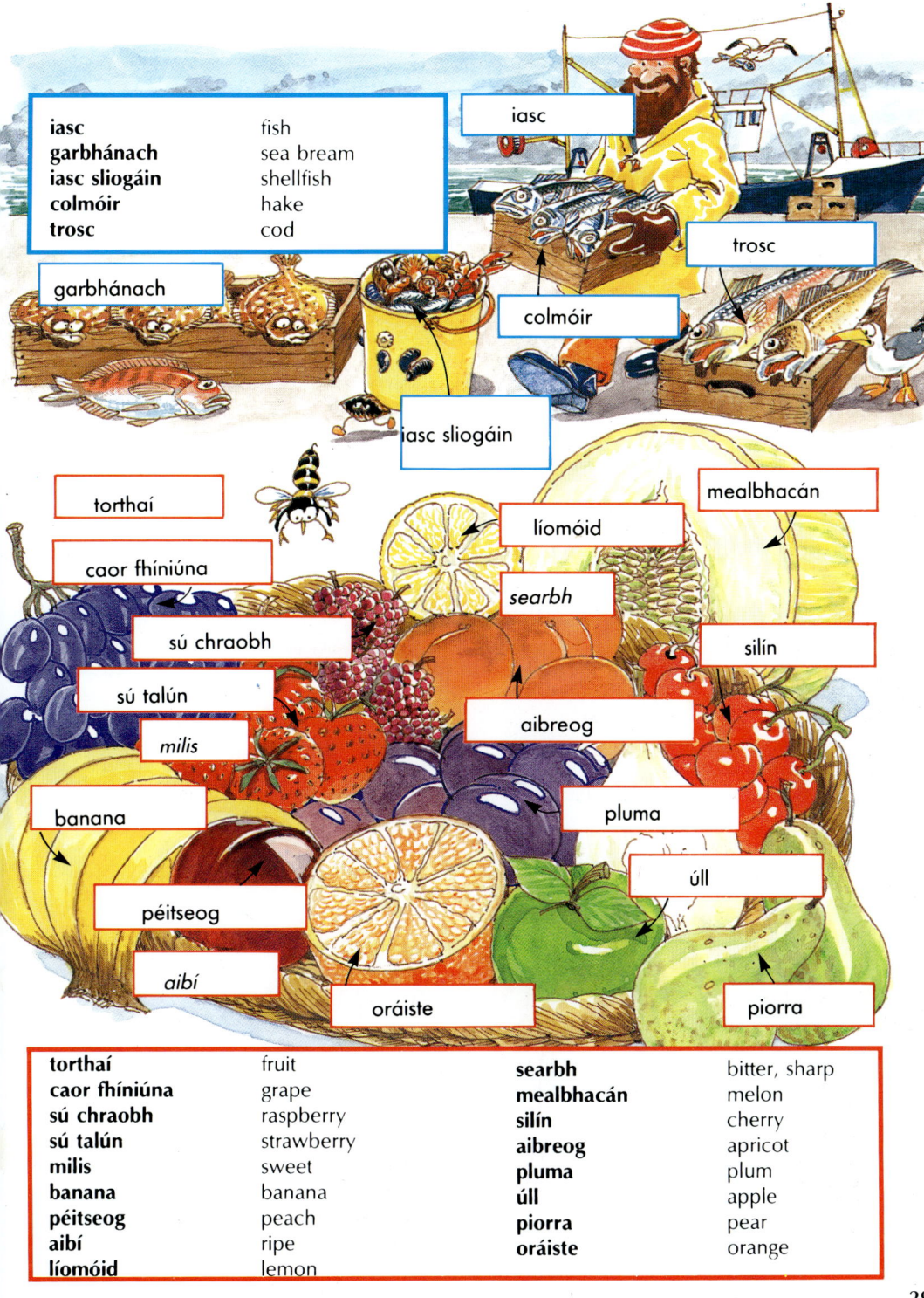

iasc	fish
garbhánach	sea bream
iasc sliogáin	shellfish
colmóir	hake
trosc	cod

torthaí	fruit	searbh	bitter, sharp
caor fhíniúna	grape	mealbhacán	melon
sú chraobh	raspberry	silín	cherry
sú talún	strawberry	aibreog	apricot
milis	sweet	pluma	plum
banana	banana	úll	apple
péitseog	peach	piorra	pear
aibí	ripe	oráiste	orange
líomóid	lemon		

29

Buying food

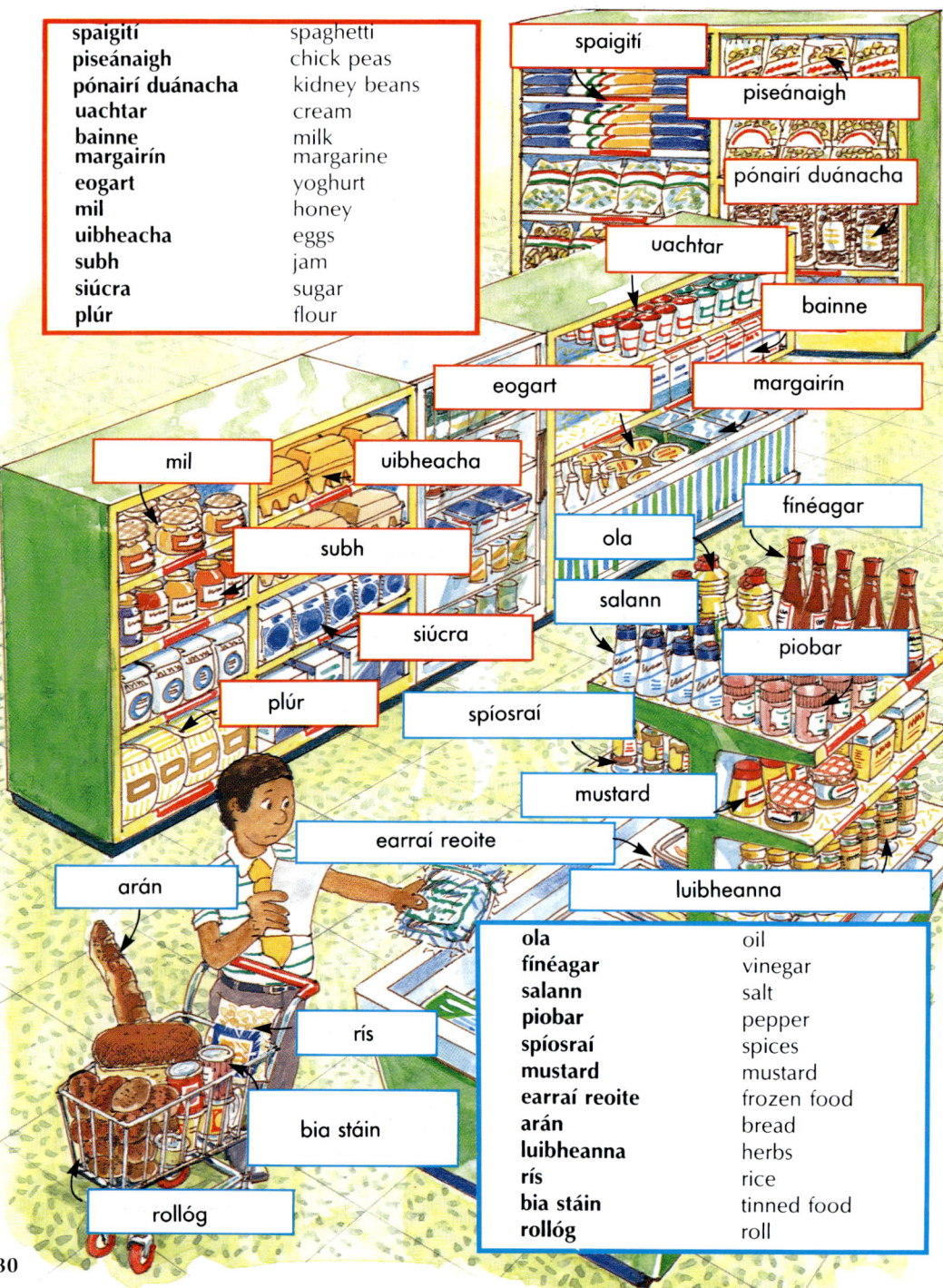

Pastimes

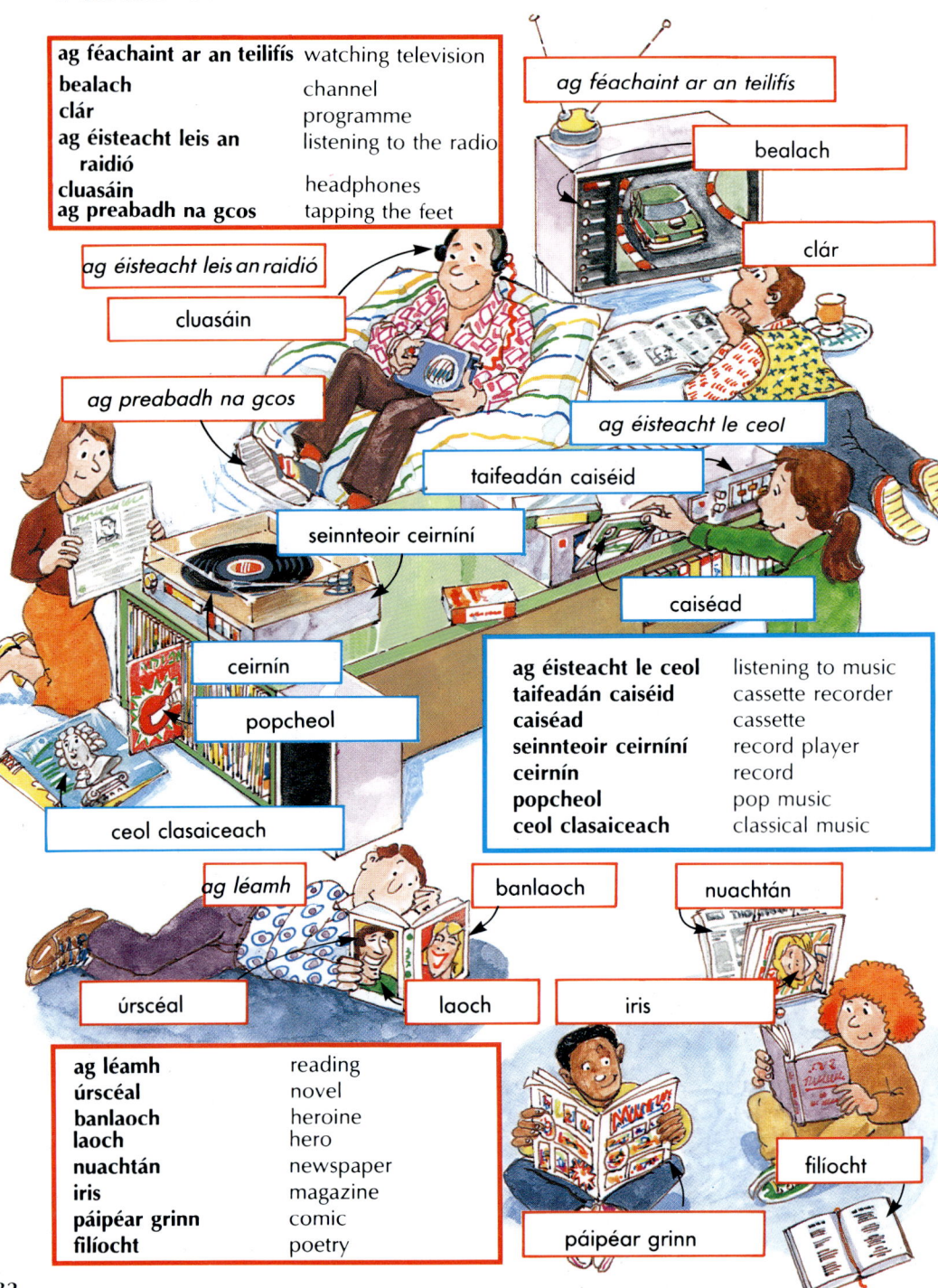

ag féachaint ar an teilifís	watching television
bealach	channel
clár	programme
ag éisteacht leis an raidió	listening to the radio
cluasáin	headphones
ag preabadh na gcos	tapping the feet

ag éisteacht le ceol	listening to music
taifeadán caiséid	cassette recorder
caiséad	cassette
seinnteoir ceirníní	record player
ceirnín	record
popcheol	pop music
ceol clasaiceach	classical music

ag léamh	reading
úrscéal	novel
banlaoch	heroine
laoch	hero
nuachtán	newspaper
iris	magazine
páipéar grinn	comic
filíocht	poetry

32

Pastimes

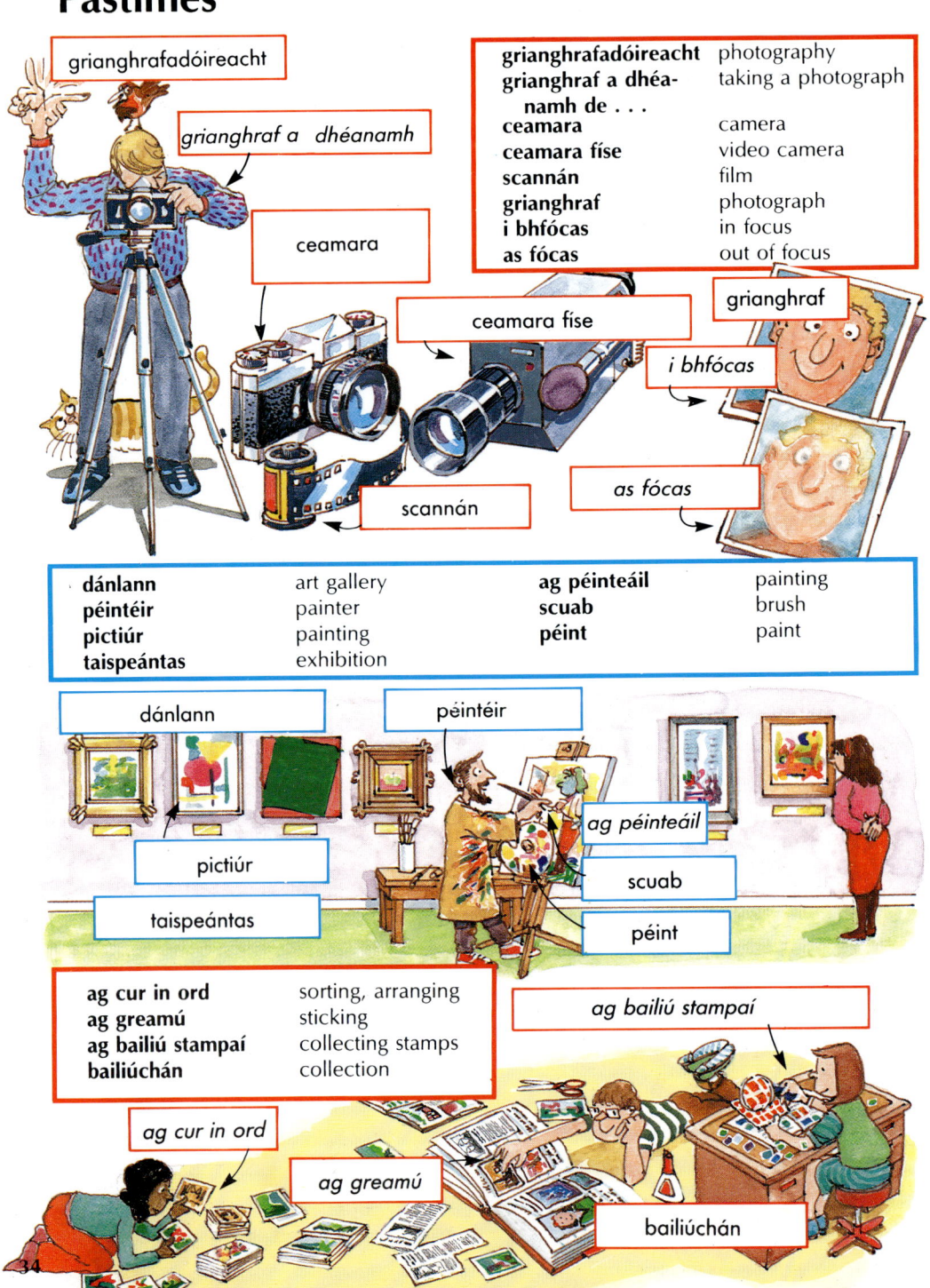

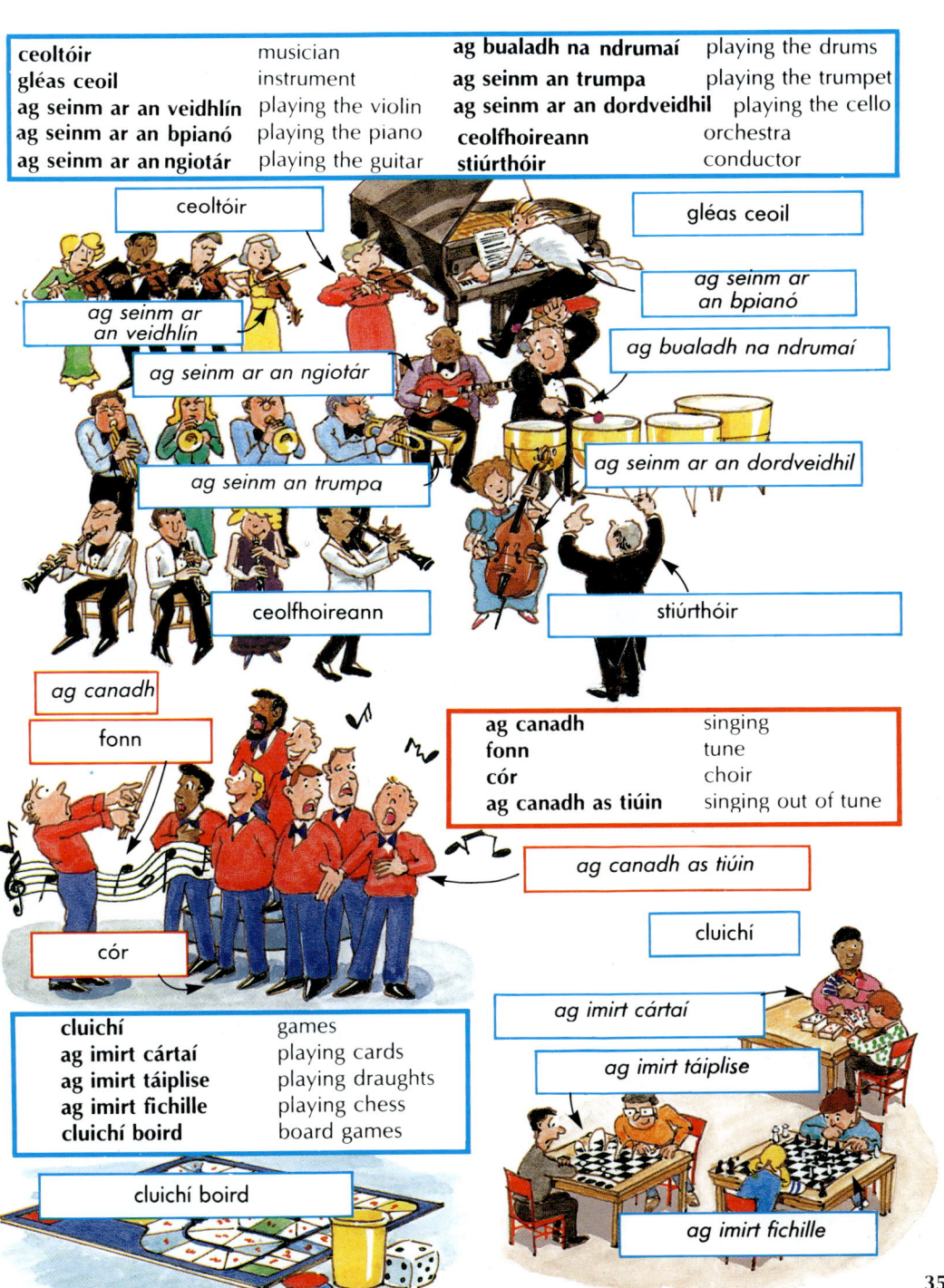

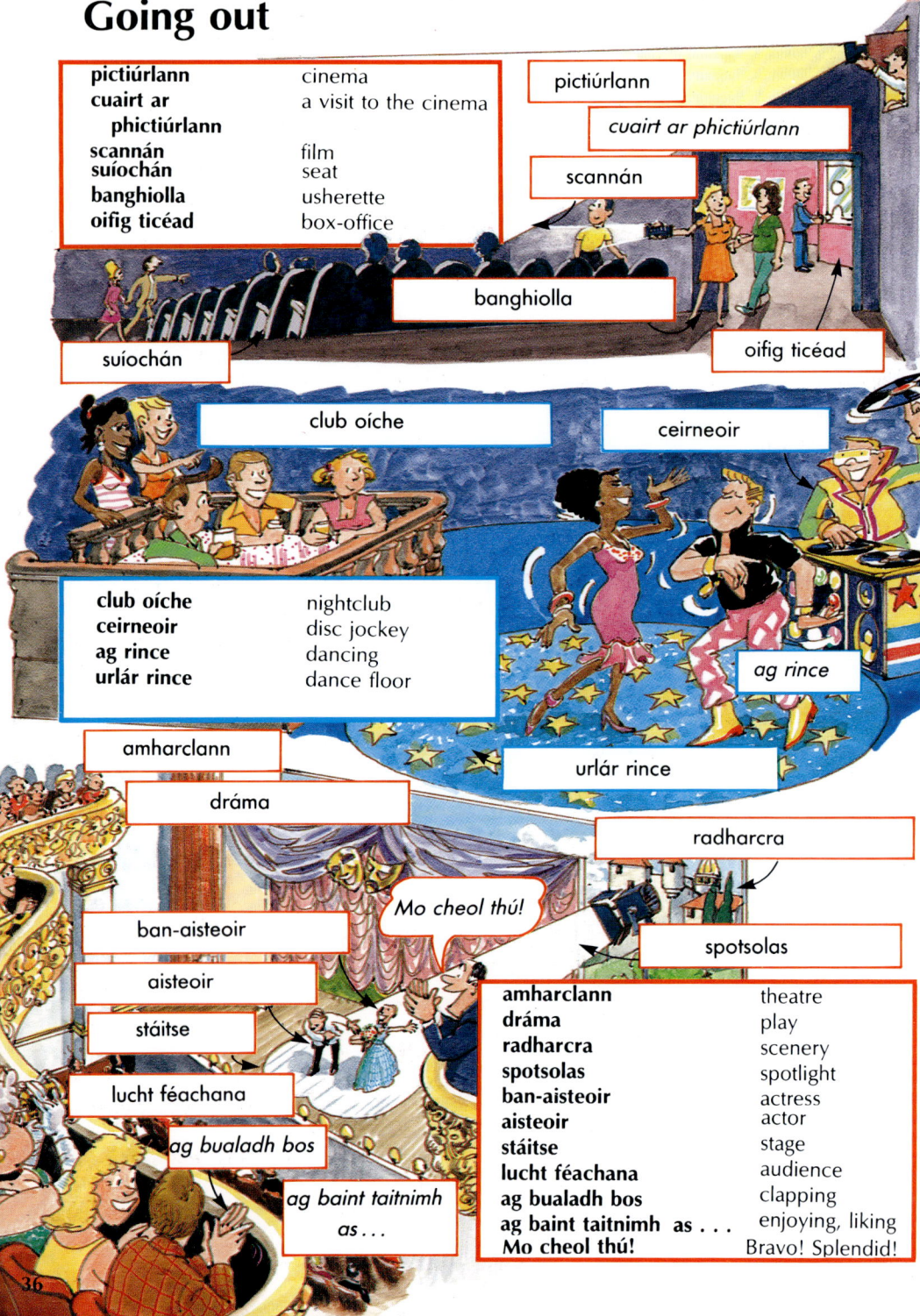

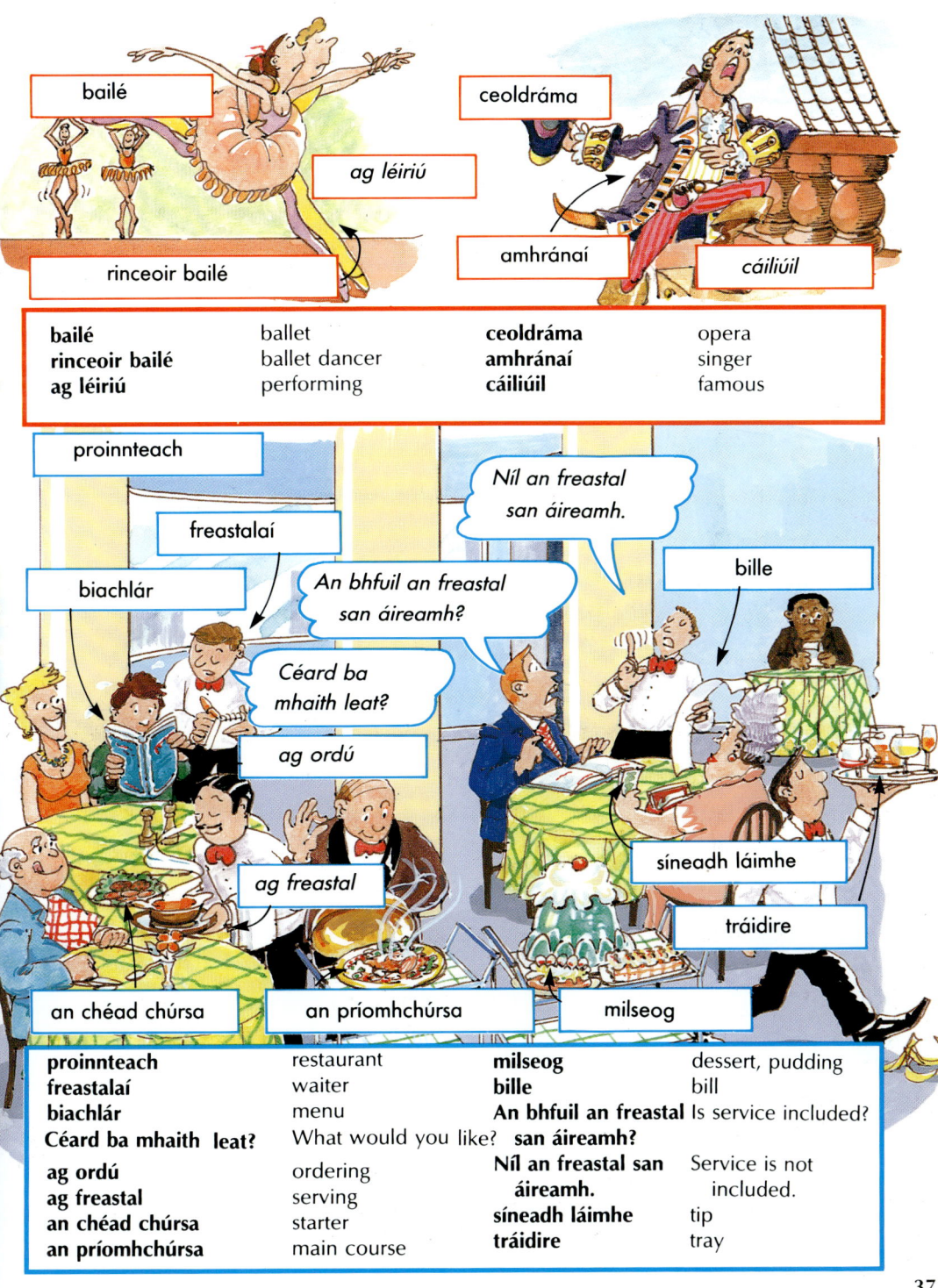

At the zoo and in the Park

zú	zoo
ainmhí	animal
séabra	zebra
sioraf	giraffe
béar bán	polar bear
eilifint	elephant
trunc	trunk
starrfhiacail	tusk
goraille	gorilla
fiáin	wild
ceansa	tame
ag cothú	feeding
coimeádaí	keeper

páirc	park
lochán	pond
bád rámhaíochta	rowing boat
ag rámhaíocht	rowing
maide rámha	oar
picnic	picnic
binse	bench
ag ligean scíthe	resting

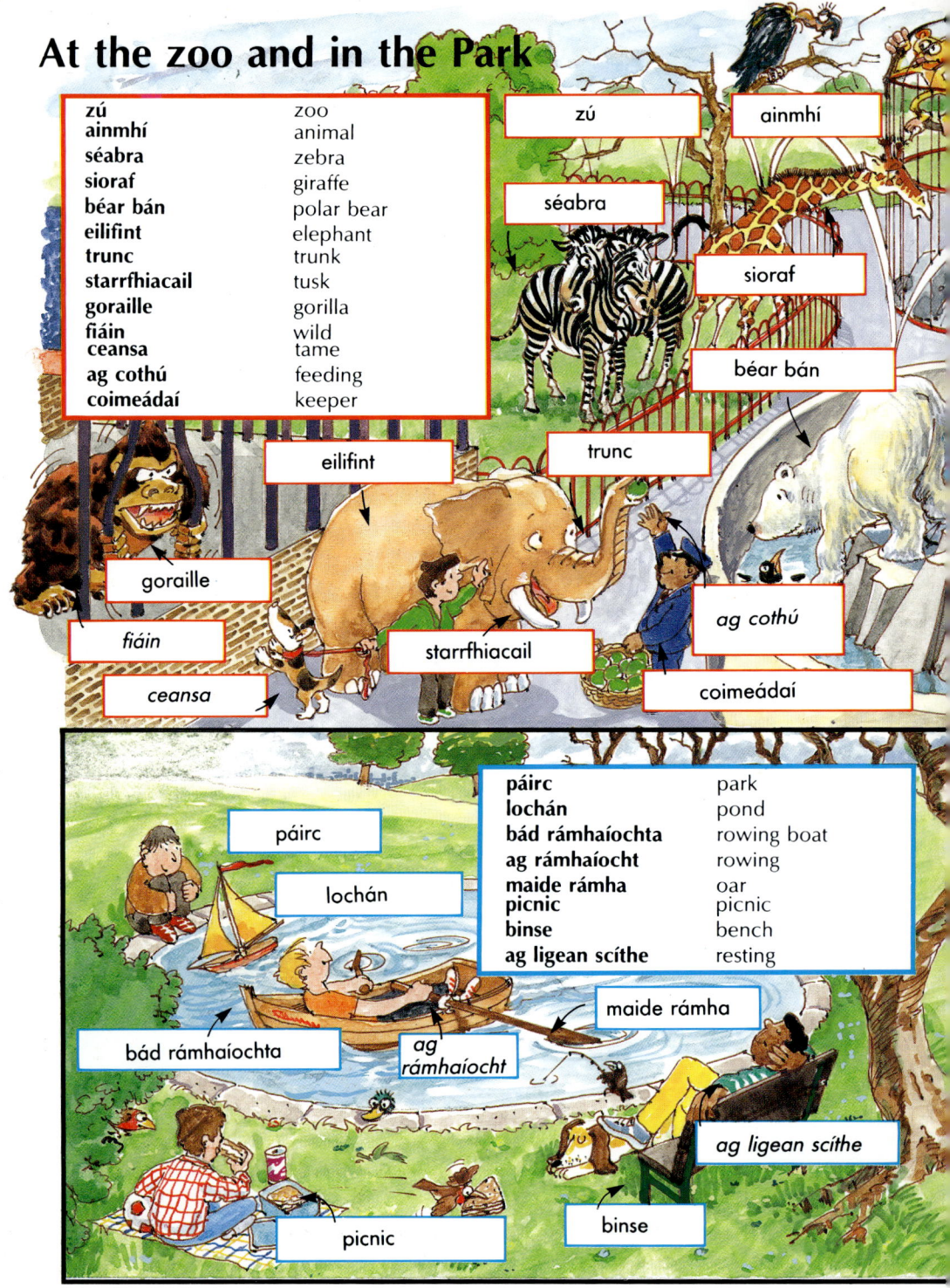

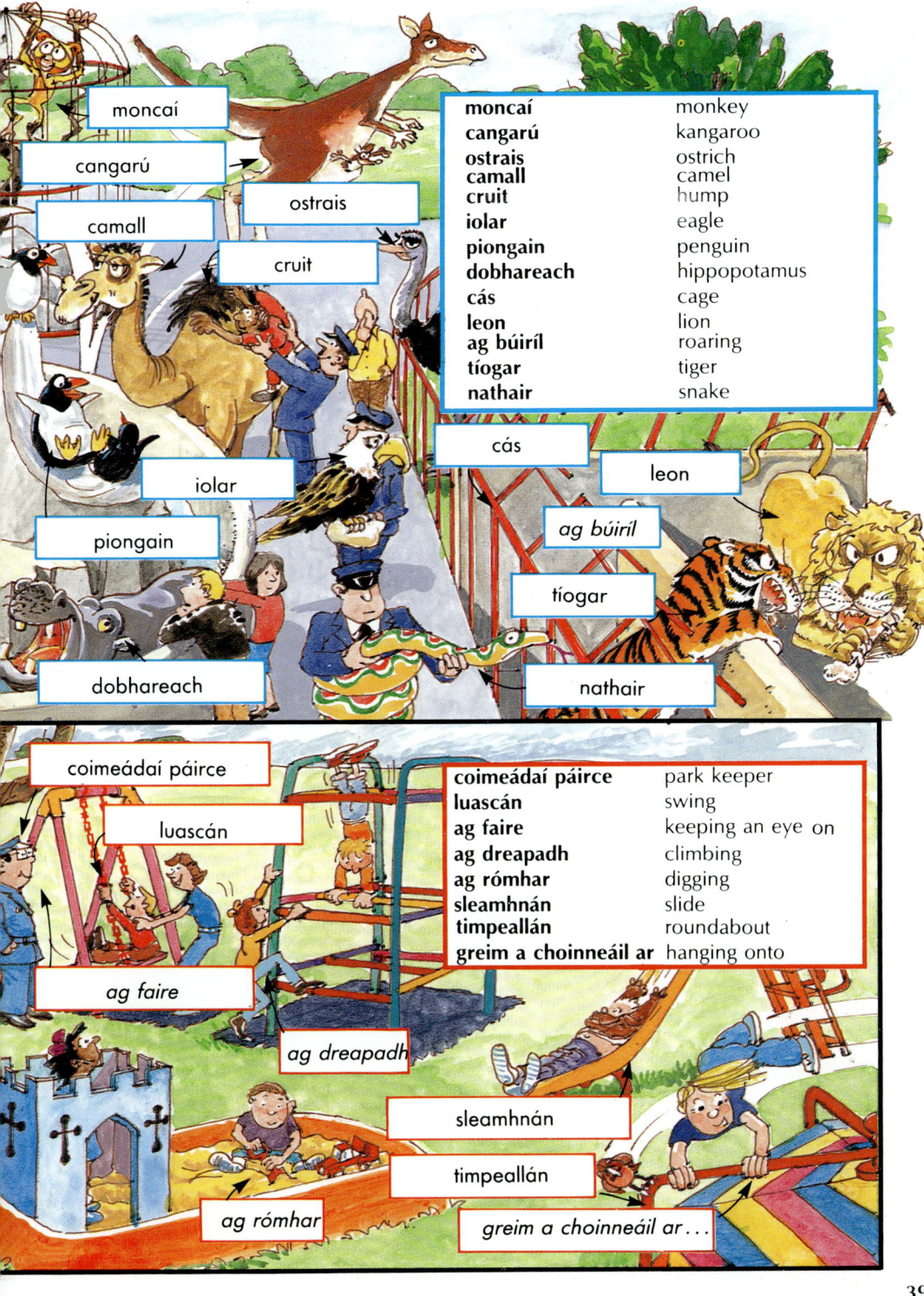

moncaí	monkey
cangarú	kangaroo
ostrais	ostrich
camall	camel
cruit	hump
iolar	eagle
piongain	penguin
dobhareach	hippopotamus
cás	cage
leon	lion
ag búiríl	roaring
tíogar	tiger
nathair	snake

coimeádaí páirce	park keeper
luascán	swing
ag faire	keeping an eye on
ag dreapadh	climbing
ag rómhar	digging
sleamhnán	slide
timpeallán	roundabout
greim a choinneáil ar	hanging onto

Shopping

liosta a dhéanamh			to make a list
mála siopadóireachta			shopping bag

siopaí	shops	**siopa poitigéara**	chemist shop
ag siopadóireacht	shopping	**siopa leabhar**	bookshop
siopa an bhúistéara	butcher's shop	**siopa obair fhuála**	needlecraft shop
delicatessen	delicatessen	**bláthadóir**	florist
siopa grósaera	grocery shop	**gruagaire**	hairdresser
siopa báicéara	bakery	**siopa ceirníní**	record shop
siopa cístí	cake shop	**siopa éadaí**	boutique
siopa éisc	fishmonger		

ag ceannach

stainnín margaidh

dul i scuaine

Sin . . .

Cé mhéad atá agat orm?

ag meá

cileagram de . . .

leathchileagram de . . .

ag ceannach	buying
stainnín margaidh	market stall
dul i scuaine	to queue
Cé mhéad atá agat orm?	How much do I owe you?
Sin . . .	That will be . . .
ag meá	weighing
cileagram de . . .	A kilo of . . .
leathchileagram de . . .	Half a kilo of . . .

ag an ollmhargadh

ciseán

tralaí

callaire

cuntar

pasáiste

canna

paicéad

buidéal

bealach isteach

bealach amach

deasc airgid

mála

airgeadóir

ag an ollmhargadh	at the supermarket
ciseán	basket
tralaí	trolley
callaire	loudspeaker
cuntar	counter
pasáiste	aisle
canna	tin
paicéad	packet
buidéal	bottle
bealach isteach	entrance
bealach amach	exit
deasc airgid	checkout
mála	carrier-bag
airgeadóir	cashier

Shopping

ag féachaint isteach sna fuinneoga	window-shopping	margadh	a bargain
fuinneog siopa	shop window	custaiméir	customer
Is fiú go maith é.	It's good value.	ag ceannach	buying
Tá sé daor.	It's expensive.	freastalaí siopa	shop assistant
DÍOLACHÁN	SALE	ag díol	selling

- ag féachaint isteach sna fuinneoga
- fuinneog siopa
- Is fiú go maith é.
- Tá sé daor.
- DÍOLACHÁN
- margadh
- custaiméir
- ag ceannach
- freastalaí siopa
- ag díol

- ag caitheamh airgid
- praghas
- admháil
- An féidir liom cabhrú leat?
- Ba mhaith liom . . .
- Cén tomhas é seo?
- beag
- meánach
- mór
- Cé mhéad atá air?
- Cosnaíonn sé . . .

ag caitheamh airgid	spending money	beag	small
praghas	price	meánach	medium
admháil	receipt	mór	large
An féidir liom cabhrú leat?	Can I help you?	Cé mhéad atá air?	How much is it?
Ba mhaith liom . . .	I'd like . . .	Cosnaíonn sé . . .	It costs . . .
		Cén tomhas é seo?	What size is this?

siopa leabhar agus páipéar	bookshop and stationer's	**cárta poist**	postcard
leabhar	book	**peann gránbhiorach**	ball-point pen
leabhar cúl páipéir	paperback	**peann luaidhe**	pencil
clúdach litreach	envelope	**páipéar litreach**	writing paper

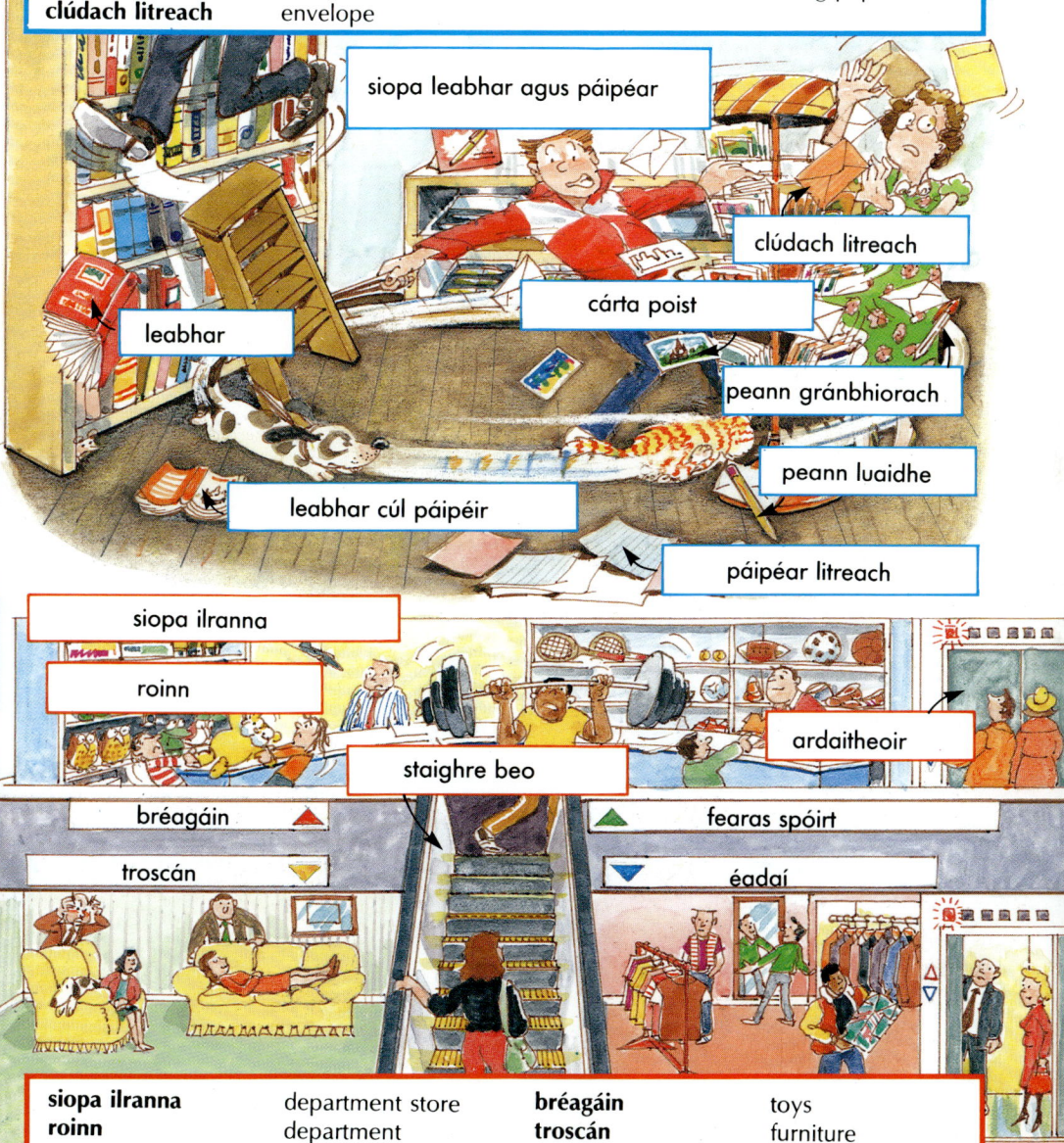

siopa leabhar agus páipéar

clúdach litreach

leabhar

cárta poist

peann gránbhiorach

leabhar cúl páipéir

peann luaidhe

páipéar litreach

siopa ilranna

roinn

ardaitheoir

staighre beo

bréagáin

fearas spóirt

troscán

éadaí

siopa ilranna	department store	**bréagáin**	toys
roinn	department	**troscán**	furniture
staighre beo	escalator	**fearas spóirt**	sports equipment
ardaitheoir	lift	**éadaí**	clothing, clothes

At the post office and bank

oifig an phoist	post office	**teileatheachtaireacht**	telemessage
bosca poist	post-box	**foirm**	form
ag postáil	posting	**stampa**	stamp
litir	letter	**aerphost**	airmail
beart	parcel	**seoladh**	address
am bailithe	collection time	**seoladh poist**	postal code
ag seoladh	sending		

ag seoladh

oifig an phoist

teileatheachtaireacht

bosca poist

ag postáil

foirm

litir

beart

stampa

am bailithe

aerphost

seoladh

seoladh poist

fear an phoist

post

ag seachadadh

fear an phoist	postman
post	mail
ag seachadadh	delivering

46

banc

airgeadóir

airgead

An bhfuil briseadh agat?

airgead a mhalartú

píosa airgid

ráta malairte

nóta

bainisteoir bainc

cárta creidmheasa

airgead a chur sa bhanc

airgead a tharraingt as an mbanc

vallait

seicleabhar

seic a scríobh

sparán

mála láimhe

banc	bank	cárta creidmheasa	credit card
airgead	money	airgead a chur sa bhanc	to put money in the bank
airgead a mhalartú	to change money		
ráta malairte	exchange rate	airgead a tharraingt as an mbanc	to take money out of the bank
bainisteoir bainc	bank manager		
airgeadóir	cashier	seicleabhar	cheque-book
An bhfuil briseadh agat?	Have you any change?	seic a scríobh	to write a cheque .
		vallait	wallet
píosa airgid	coin	sparán	purse
nóta	note	mála láimhe	handbag

Phonecalls and letters

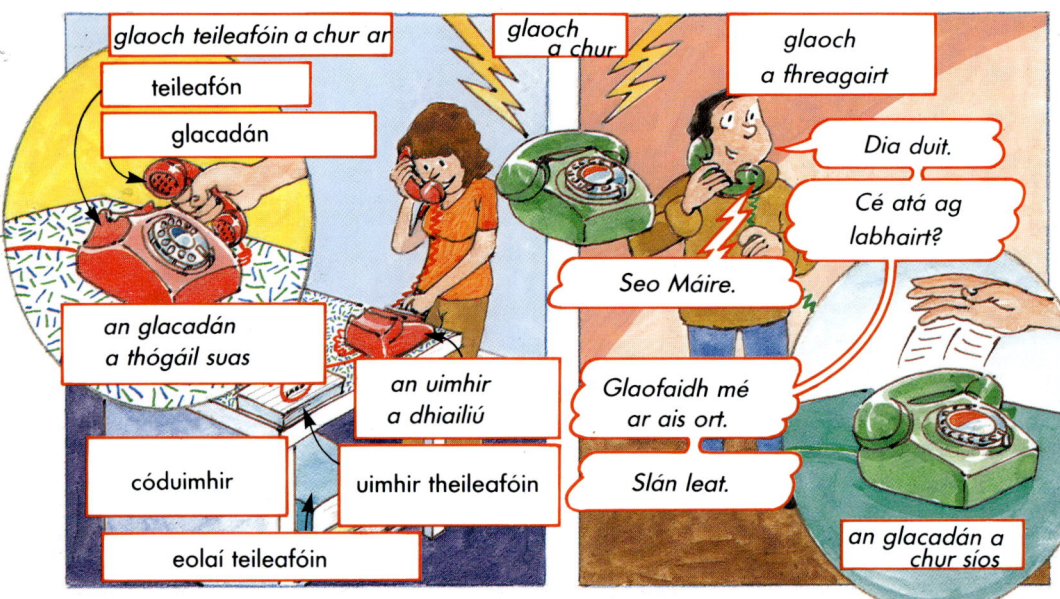

glaoch teileafóin a chur ar
teileafón
glacadán
an glacadán a thógáil suas
an uimhir a dhiailiú
códuimhir
uimhir theileafóin
eolaí teileafóin
glaoch a chur
glaoch a fhreagairt

Dia duit.
Cé atá ag labhairt?
Seo Máire.
Glaofaidh mé ar ais ort.
Slán leat.

an glacadán a chur síos

glaoch teileafóin a chur ar . . .	to make a telephone call	eolaí teileafóin	telephone directory
teileafón	telephone	glaoch a chur	to ring
glacadán	receiver	glaoch a fhreagairt	to answer the telephone
an glacadán a thógáil suas	to pick up the receiver	Dia duit.	Hello!
		Cé atá ag labhairt?	Who's speaking?
an uimhir a dhiailiú	to dial the number	Seo Máire.	It's Mary
uimhir theileafóin	telephone number	Glaofaidh mé ar ais ort.	I'll call you back.
códuimhir	area code	Slán leat.	Goodbye.
		an glacadán a chur síos	to hang up

bosca teileafóin

éigeandáil

glaoch éigeandála

bosca teileafóin	telephone box
éigeandáil	emergency
glaoch éigeandála	999 call

48

litir a scríobh

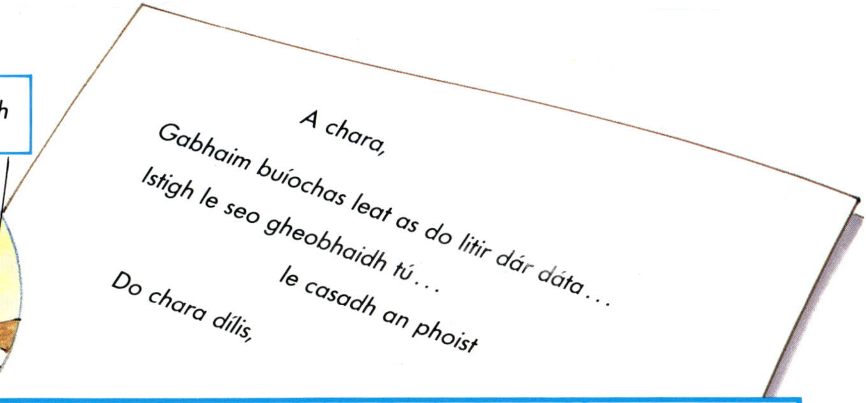

A chara,
Gabhaim buíochas leat as do litir dár dáta . . .
Istigh le seo gheobhaidh tú . . .
  le casadh an phoist
Do chara dílis,

litir a scríobh	to write a letter	**Istigh le seo gheobhaidh tú . . .**	I enclose . . .
A chara,	Dear Sir/Madam,	**le casadh an phoist**	by return of post
Gabhaim buíochas leat as do litir dár dáta . . .	Thank you for your letter of . . .	**Do chara dílis,**	Yours faithfully,

litir a oscailt

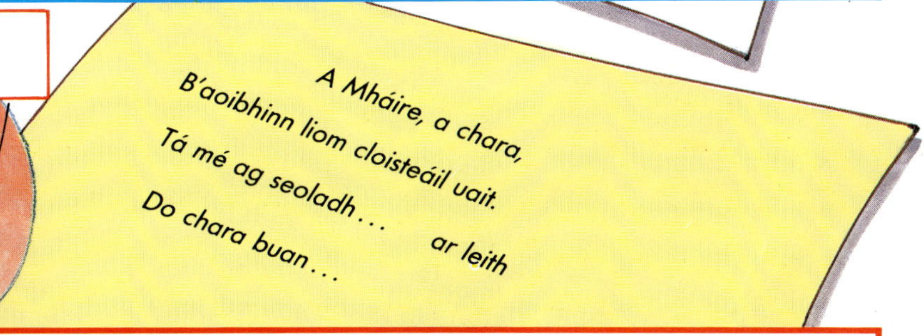

A Mháire, a chara,
B'aoibhinn liom cloisteáil uait.
Tá mé ag seoladh . . .   ar leith
Do chara buan . . .

litir a oscailt	to open a letter	**Tá mé ag seoladh . . .**	I am sending . . .
A Mháire, a chara,	Dear Mary,	**ar leith**	separately
B'aoibhinn liom cloisteáil uait.	It was lovely to hear from you.	**Do chara buan . . .**	Love from . . .

cárta poist a sheoladh

Tá an-saol againn.
Táim ag súil le tú a fheiceáil go luath.

teileagram a sheoladh

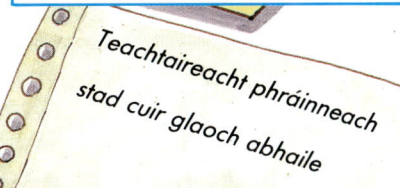

Teachtaireacht phráinneach stad cuir glaoch abhaile

cárta poist a sheoladh	to send a postcard	**teileagram a sheoladh**	to send a telegram
Tá an-saol againn.	Having a lovely time.	**Teachtaireacht phráinneach stad cuir glaoch abhaile**	Urgent message stop telephone home
Táim ag súil le tú a fheiceáil go luath.	I'm looking forward to seeing you soon.		

Out and about

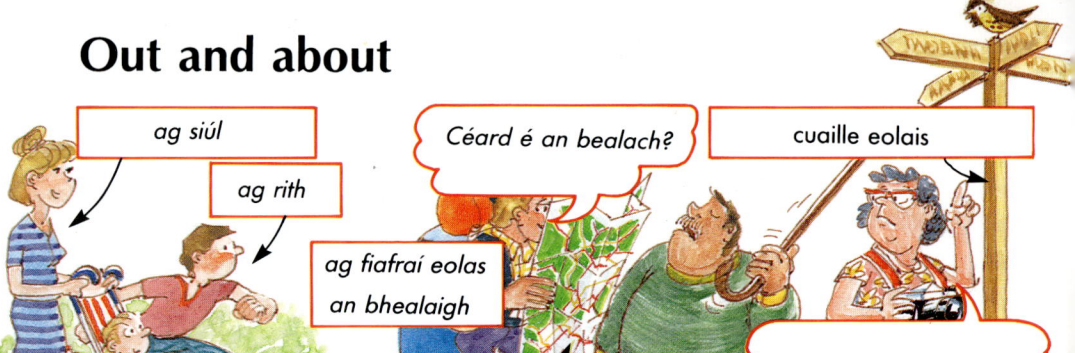

- ag siúl
- ag rith
- cairrín páiste
- Céard é an bealach?
- ag fiafraí eolas an bhealaigh
- léarscáil
- cuaille eolais
- Cá fhad é?

ag siúl	walking	ag fiafraí eolas an bhealaigh	asking the way
ag rith	running		
cairrín páiste	push-chair	léarscáil	map
Céard é an bealach?	Which way is . . . ?	cuaille eolais	signpost
		Cá fhad é?	How far is it?

- ag dul ar an mbus
- paisinéir
- ag tuirlingt de . . .
- stáisiún an fhobhealaigh
- an fobhealach
- ag dul ar . . .
- ticéad
- bus
- stad bus

ag dul ar an mbus	going on the bus	bus	bus
paisinéir	passenger	stad bus	bus stop
ag tuirlingt de . . .	getting off	stáisiún an fhobhealaigh	underground station
ag dul ar . . .	boarding		
ticéad	ticket	an fobhealach	underground

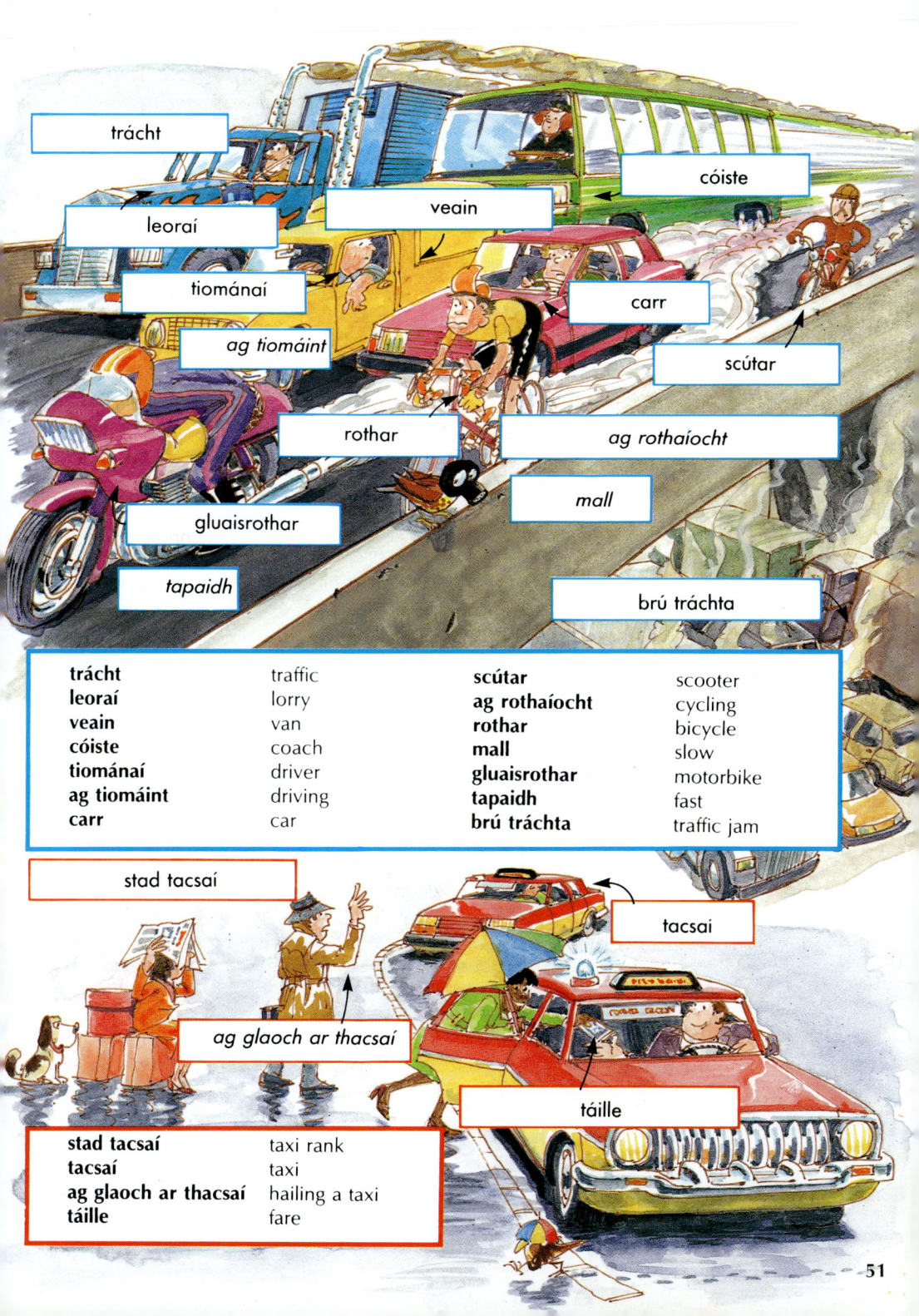

Labels on top illustration:
- trácht
- leoraí
- veain
- cóiste
- tiománaí
- ag tiomáint
- carr
- scútar
- rothar
- ag rothaíocht
- mall
- gluaisrothar
- tapaidh
- brú tráchta

trácht	traffic	**scútar**	scooter
leoraí	lorry	**ag rothaíocht**	cycling
veain	van	**rothar**	bicycle
cóiste	coach	**mall**	slow
tiománaí	driver	**gluaisrothar**	motorbike
ag tiomáint	driving	**tapaidh**	fast
carr	car	**brú tráchta**	traffic jam

Labels on bottom illustration:
- stad tacsaí
- tacsaí
- ag glaoch ar thacsaí
- táille

stad tacsaí	taxi rank
tacsaí	taxi
ag glaoch ar thacsaí	hailing a taxi
táille	fare

Driving

Labels on illustration:
- ag tosú
- ag dul thar
- mótarbhealach
- soilsí tráchta
- príomhbhóthar
- ag luasmhoilliú
- ag luasghéarú
- ag casadh ar clé
- ag casadh ar dheis
- ag dul díreach ar aghaidh
- taobhshráid
- aontreo
- ná téitear isteach

ag tosú	starting
ag luasghéarú	accelerating
ag dul thar	overtaking
ag luasmhoilliú	slowing down
mótarbhealach	motorway
soilsí tráchta	traffic lights
príomhbhóthar	main road
ag casadh ar clé	turning left
ag casadh ar dheis	turning right
ag dul díreach ar aghaidh	going straight on
taobhshráid	side street
aontreo	one way
ná téitear isteach	no entry

Labels on illustration:
- carrchlós
- ar gcúl
- ag páirceáil
- chun tosaigh
- Cosc ar pháirceáil!

Cosc ar pháirceáil!	No parking!	**ag páirceáil**	parking
carrchlós	car-park	**ar gcúl**	backwards
		chun tosaigh	forwards

iombhualadh	collision
roth stiúrtha	steering wheel
gaothscáth	windscreen
crios sábhála	safety belt
táscaire	indicator
ceannsolas	headlight
boinéad	bonnet
cófra bagáiste	boot
uimhirphláta	number plate
roth	wheel
bonn	tyre
adharc	horn

- iombhualadh
- roth stiúrtha
- gaothscáth
- crios sábhála
- boinéad
- cófra bagáiste
- uimhirphláta
- roth
- bonn
- adharc
- táscaire
- ceannsolas
- bonn ligthe
- cliseadh
- ola
- stáisiún peitril
- meicneoir gluaisteáin
- ag líonadh le peitreal
- peitreal

bonn ligthe	a flat tyre
cliseadh	a breakdown
meicneoir gluaisteáin	mechanic
ola	oil
stáisiún peitril	petrol station
ag líonadh le peitreal	filling up with petrol
peitreal	petrol

Travelling by train

- stáisiún
- oifig bagáiste
- bailitheoir ticéad
- póirtéir
- seomra feithimh
- geata na dticéad
- taistealaí
- amchlár
- An traein go...
- An traein ó...
- oifig ticéad
- ticéad
- ticéad fillte
- ticéad séasúir
- inneall ticéad
- ticéad ardáin
- ag cur in áirithe

stáisiún	station	**oifig ticéad**	ticket office
póirtéir	porter	**ticéad**	ticket
oifig bagáiste	left luggage office	**ticéad fillte**	return ticket
bailitheoir ticéad	ticket collector	**ticéad séasúir**	season ticket
seomra feithimh	waiting-room	**inneall ticéad**	ticket machine
geata na dticéad	barrier	**ticéad ardáin**	platform ticket
taistealaí	traveller	**ag cur in áirithe**	reserving
amchlár	timetable		
An traein go...	The train to...		
An traein ó...	The train from...		

54

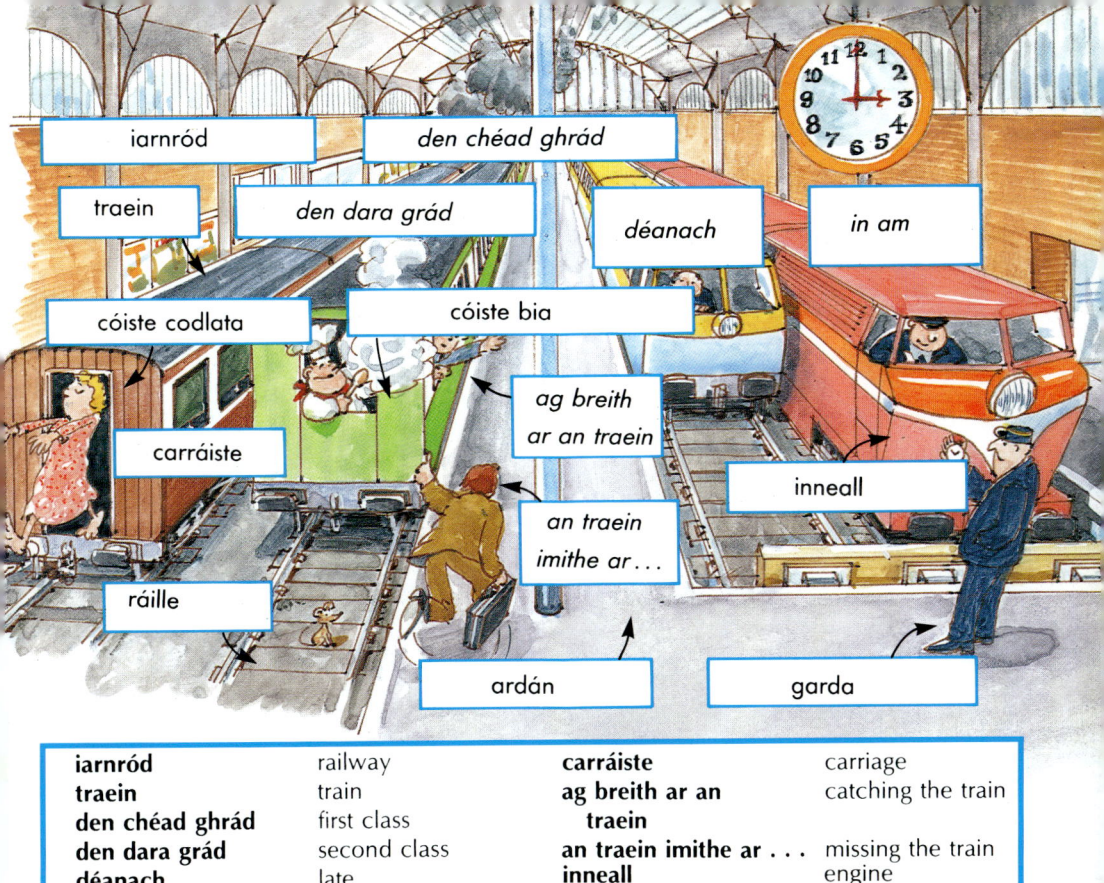

Labels on illustration:
- iarnród
- den chéad ghrád
- traein
- den dara grád
- déanach
- in am
- cóiste codlata
- cóiste bia
- ag breith ar an traein
- carráiste
- inneall
- an traein imithe ar...
- ráille
- ardán
- garda

iarnród	railway	carráiste	carriage
traein	train	ag breith ar an traein	catching the train
den chéad ghrád	first class		
den dara grád	second class	an traein imithe ar ...	missing the train
déanach	late	inneall	engine
in am	in time	ráille	track
cóiste codlata	sleeping-car	ardán	platform
cóiste bia	buffet car	garda	guard

Labels on lower illustration:
- traein idirchathrach
- traein earraí
- suíochán
- suíochán curtha in áirithe
- raca bagáiste
- Ná caitear tobac

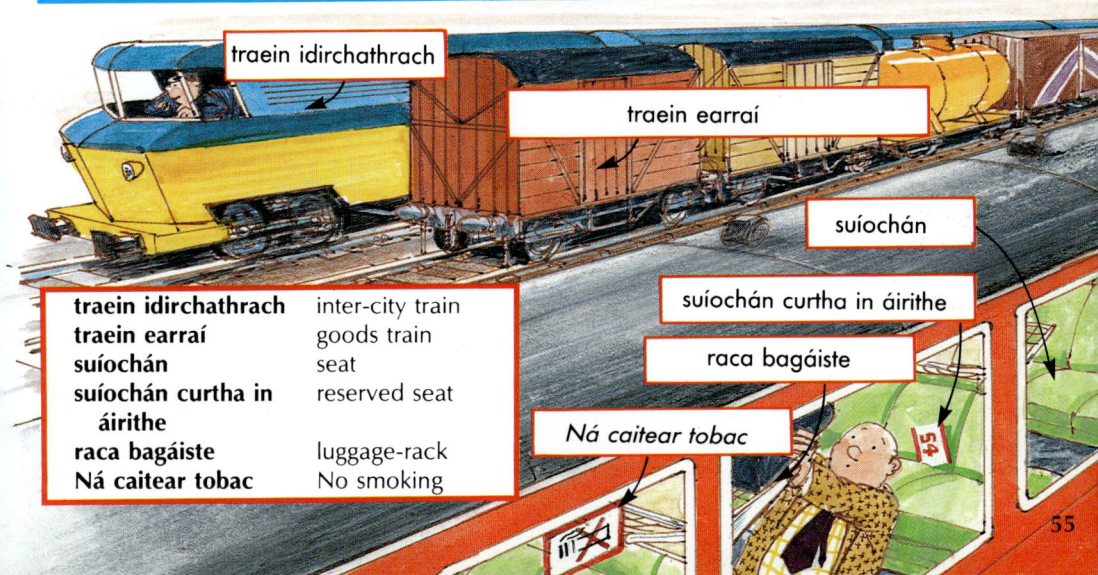

traein idirchathrach	inter-city train
traein earraí	goods train
suíochán	seat
suíochán curtha in áirithe	reserved seat
raca bagáiste	luggage-rack
Ná caitear tobac	No smoking

Travelling by plane and boat

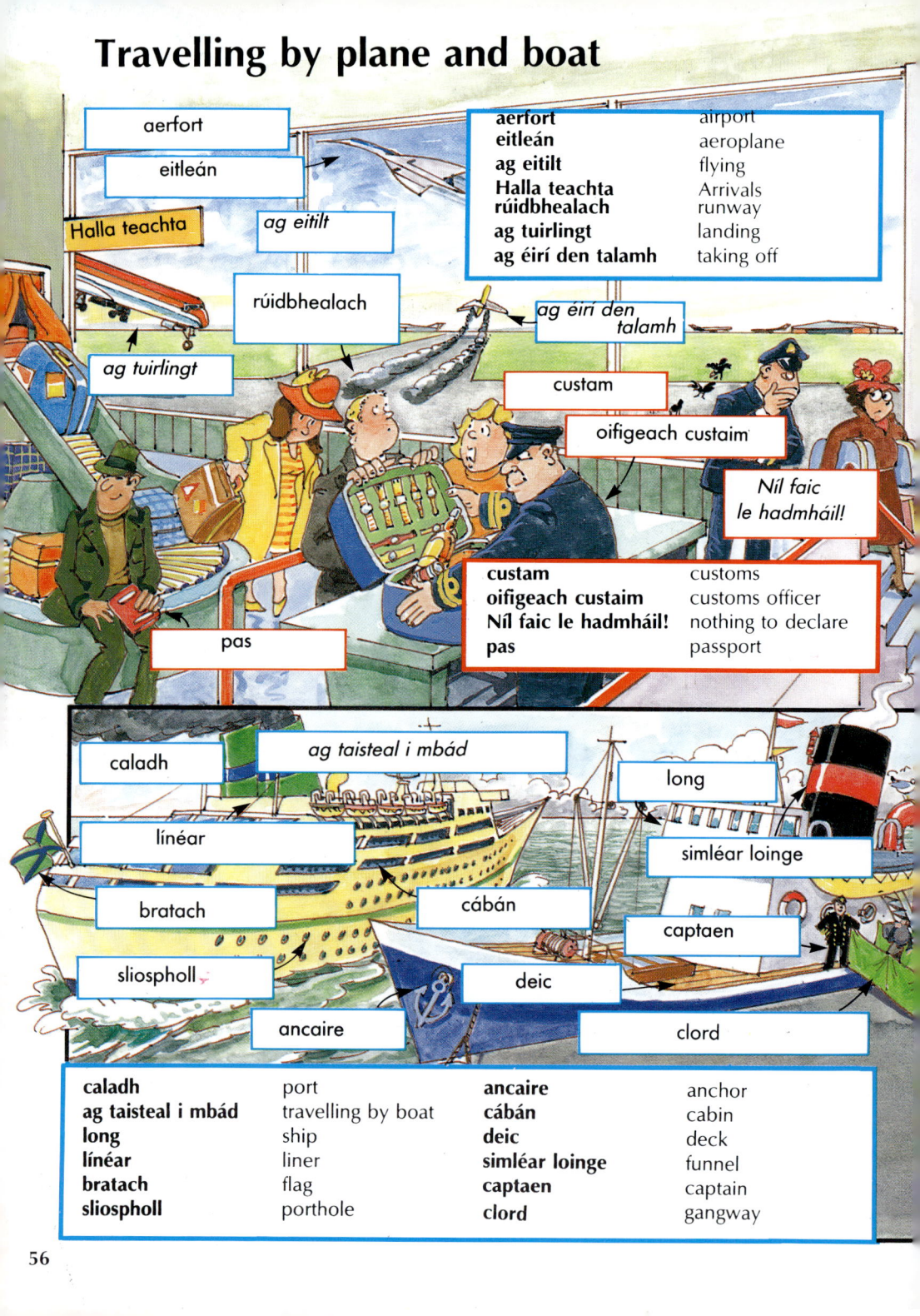

aerfort	airport
eitleán	aeroplane
ag eitilt	flying
Halla teachta	Arrivals
rúidbhealach	runway
ag tuirlingt	landing
ag éirí den talamh	taking off

custam	customs
oifigeach custaim	customs officer
Níl faic le hadmháil!	nothing to declare
pas	passport

caladh	port
ag taisteal i mbád	travelling by boat
long	ship
línéar	liner
bratach	flag
sliospholl	porthole

ancaire	anchor
cábán	cabin
deic	deck
simléar loinge	funnel
captaen	captain
clord	gangway

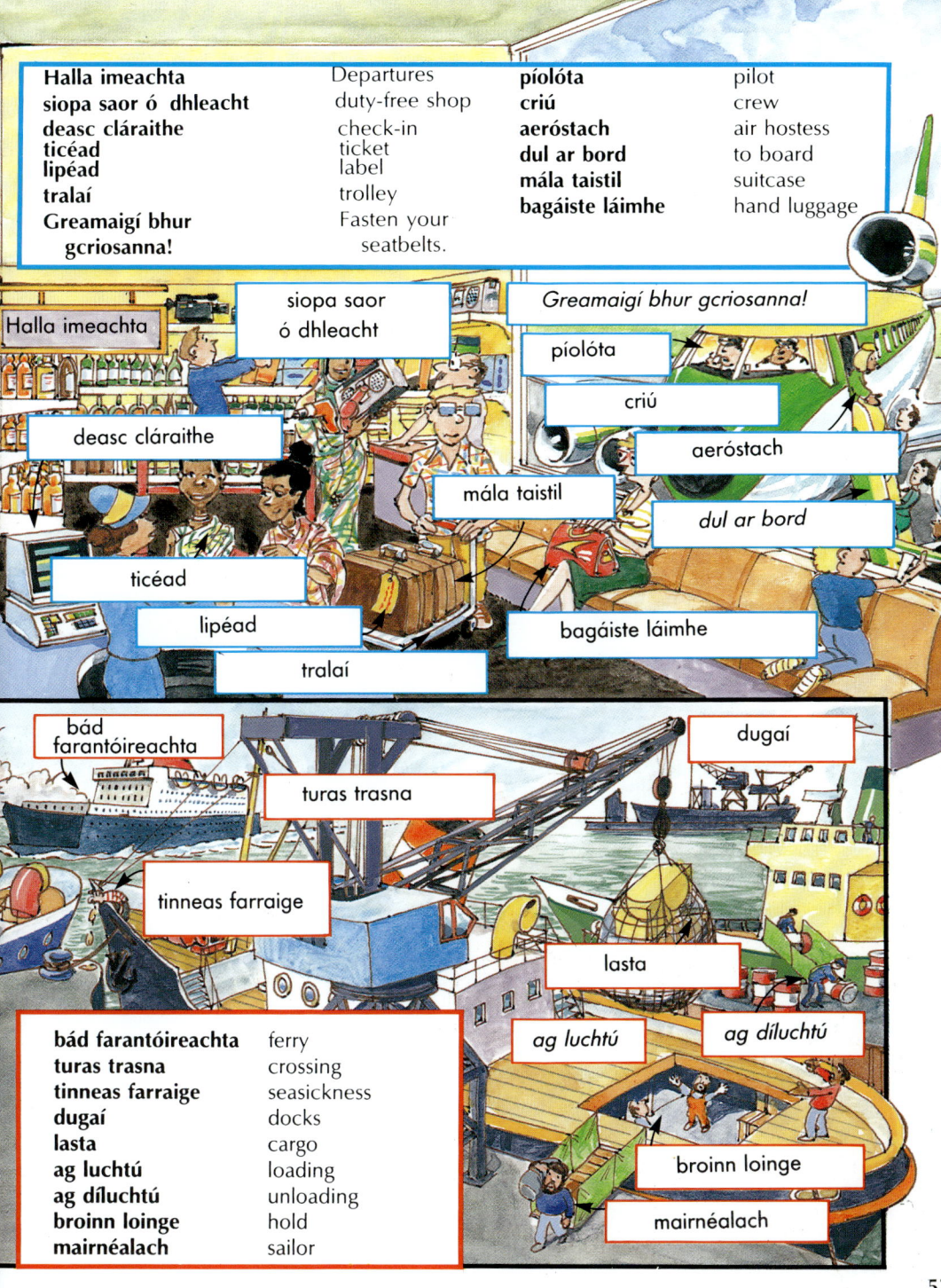

Halla imeachta	Departures
siopa saor ó dhleacht	duty-free shop
deasc cláraithe	check-in
ticéad	ticket
lipéad	label
tralaí	trolley
Greamaigí bhur gcriosanna!	Fasten your seatbelts.
píolóta	pilot
criú	crew
aeróstach	air hostess
dul ar bord	to board
mála taistil	suitcase
bagáiste láimhe	hand luggage

bád farantóireachta	ferry
turas trasna	crossing
tinneas farraige	seasickness
dugaí	docks
lasta	cargo
ag luchtú	loading
ag díluchtú	unloading
broinn loinge	hold
mairnéalach	sailor

57

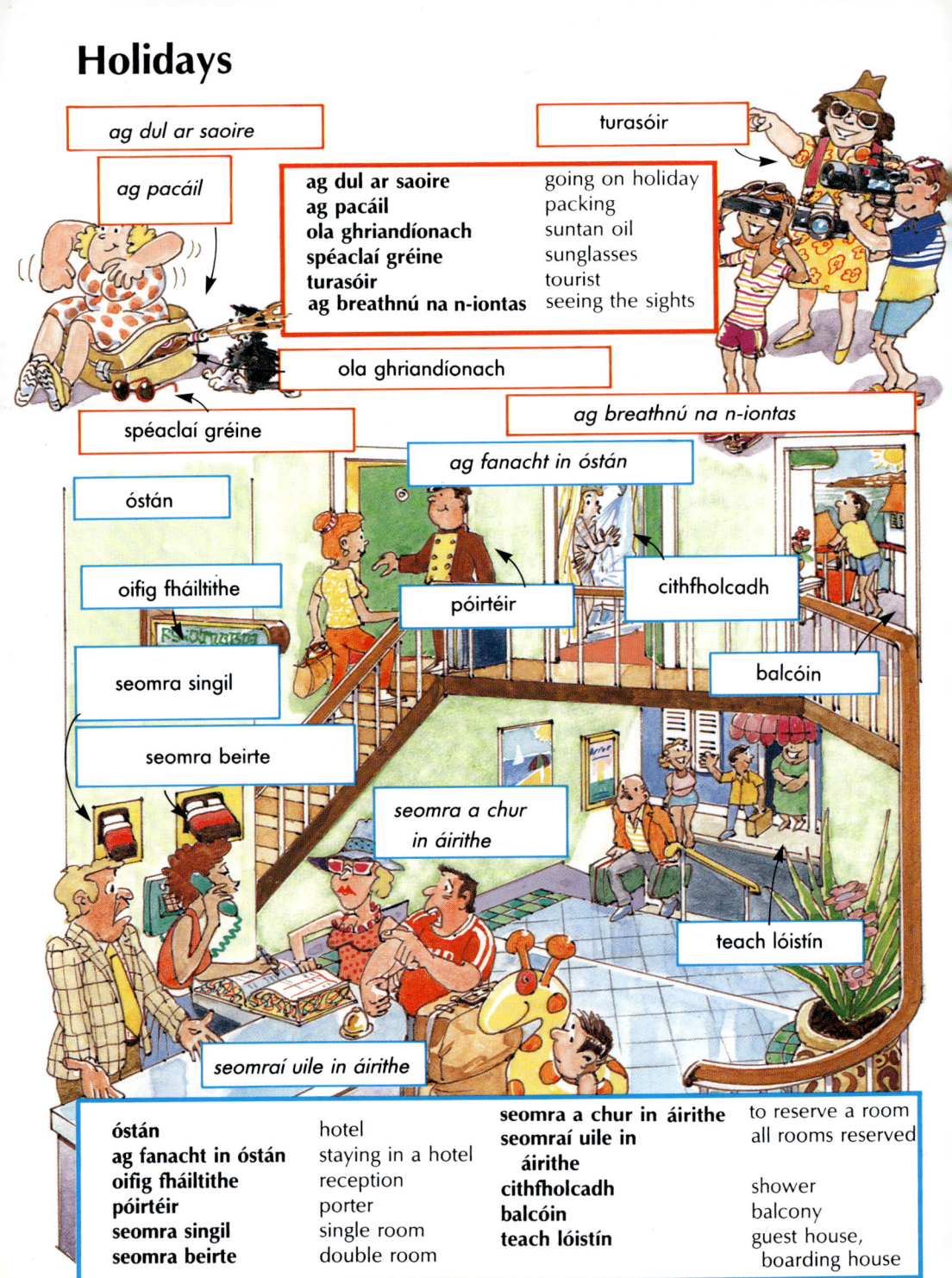

Holidays

ag dul ar saoire

ag pacáil

ag dul ar saoire	going on holiday
ag pacáil	packing
ola ghriandíonach	suntan oil
spéaclaí gréine	sunglasses
turasóir	tourist
ag breathnú na n-iontas	seeing the sights

turasóir

ola ghriandíonach

spéaclaí gréine

ag breathnú na n-iontas

ag fanacht in óstán

óstán

oifig fháiltithe

póirtéir

cithfholcadh

seomra singil

balcóin

seomra beirte

seomra a chur in áirithe

teach lóistín

seomraí uile in áirithe

óstán	hotel
ag fanacht in óstán	staying in a hotel
oifig fháiltithe	reception
póirtéir	porter
seomra singil	single room
seomra beirte	double room
seomra a chur in áirithe	to reserve a room
seomraí uile in áirithe	all rooms reserved
cithfholcadh	shower
balcóin	balcony
teach lóistín	guest house, boarding house

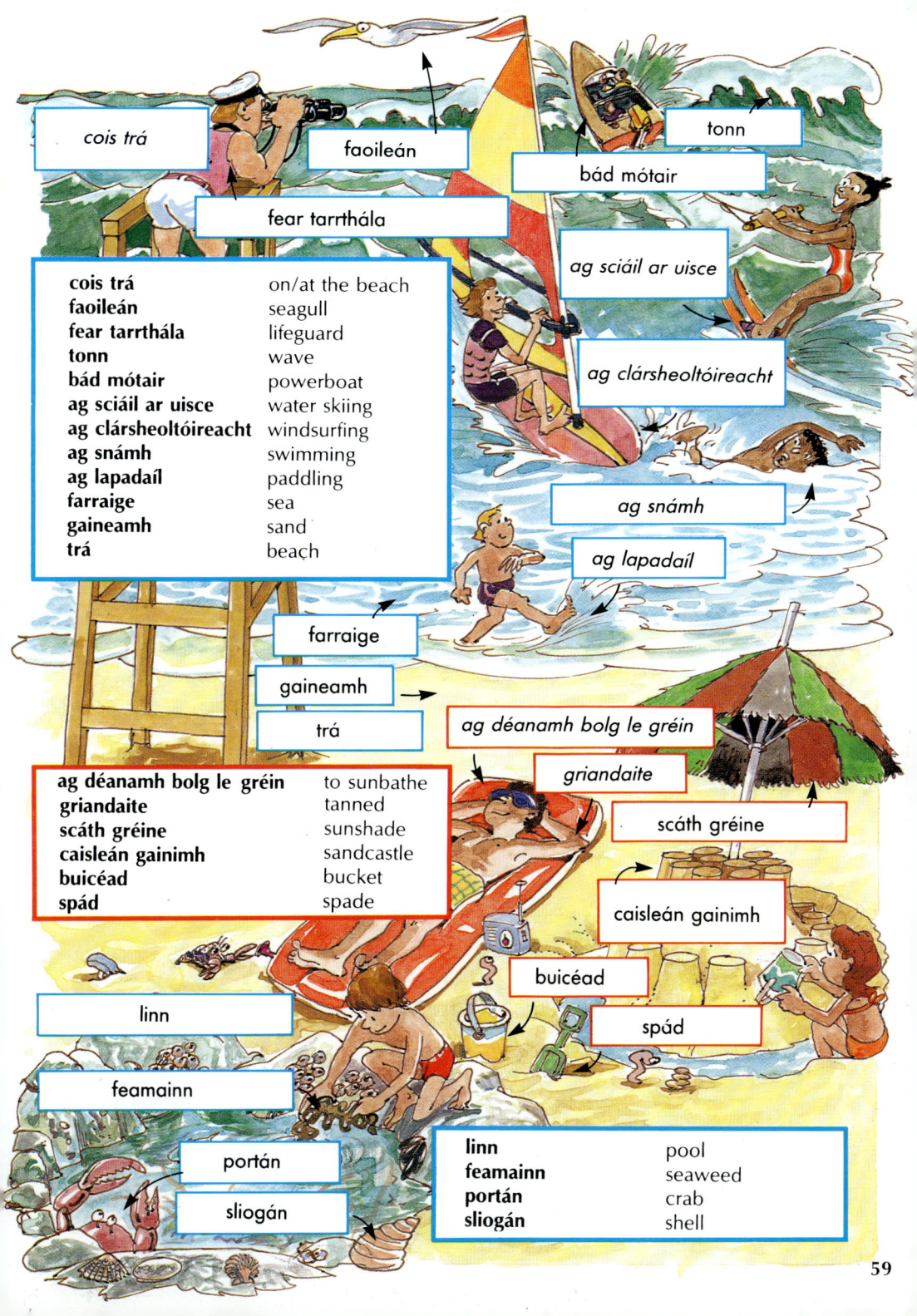

cois trá	on/at the beach
faoileán	seagull
fear tarrthála	lifeguard
tonn	wave
bád mótair	powerboat
ag sciáil ar uisce	water skiing
ag clársheoltóireacht	windsurfing
ag snámh	swimming
ag lapadaíl	paddling
farraige	sea
gaineamh	sand
trá	beach

ag déanamh bolg le gréin	to sunbathe
griandaite	tanned
scáth gréine	sunshade
caisleán gainimh	sandcastle
buicéad	bucket
spád	spade

linn	pool
feamainn	seaweed
portán	crab
sliogán	shell

59

Holidays

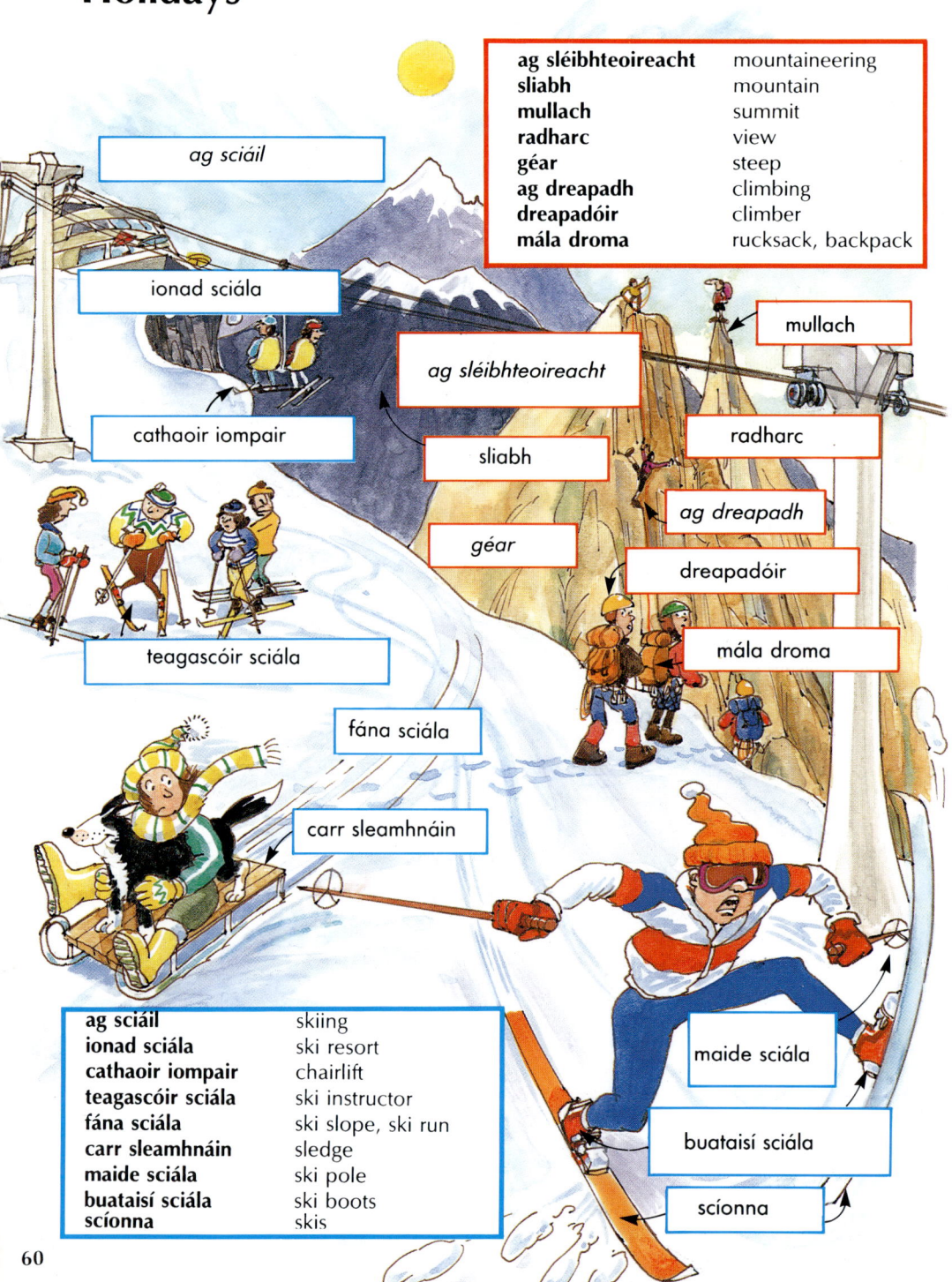

ag sléibhteoireacht	mountaineering
sliabh	mountain
mullach	summit
radharc	view
géar	steep
ag dreapadh	climbing
dreapadóir	climber
mála droma	rucksack, backpack

ag sciáil

ionad sciála

cathaoir iompair

ag sléibhteoireacht

mullach

sliabh

radharc

géar

ag dreapadh

dreapadóir

teagascóir sciála

mála droma

fána sciála

carr sleamhnáin

maide sciála

buataisí sciála

scíonna

ag sciáil	skiing
ionad sciála	ski resort
cathaoir iompair	chairlift
teagascóir sciála	ski instructor
fána sciála	ski slope, ski run
carr sleamhnáin	sledge
maide sciála	ski pole
buataisí sciála	ski boots
scíonna	skis

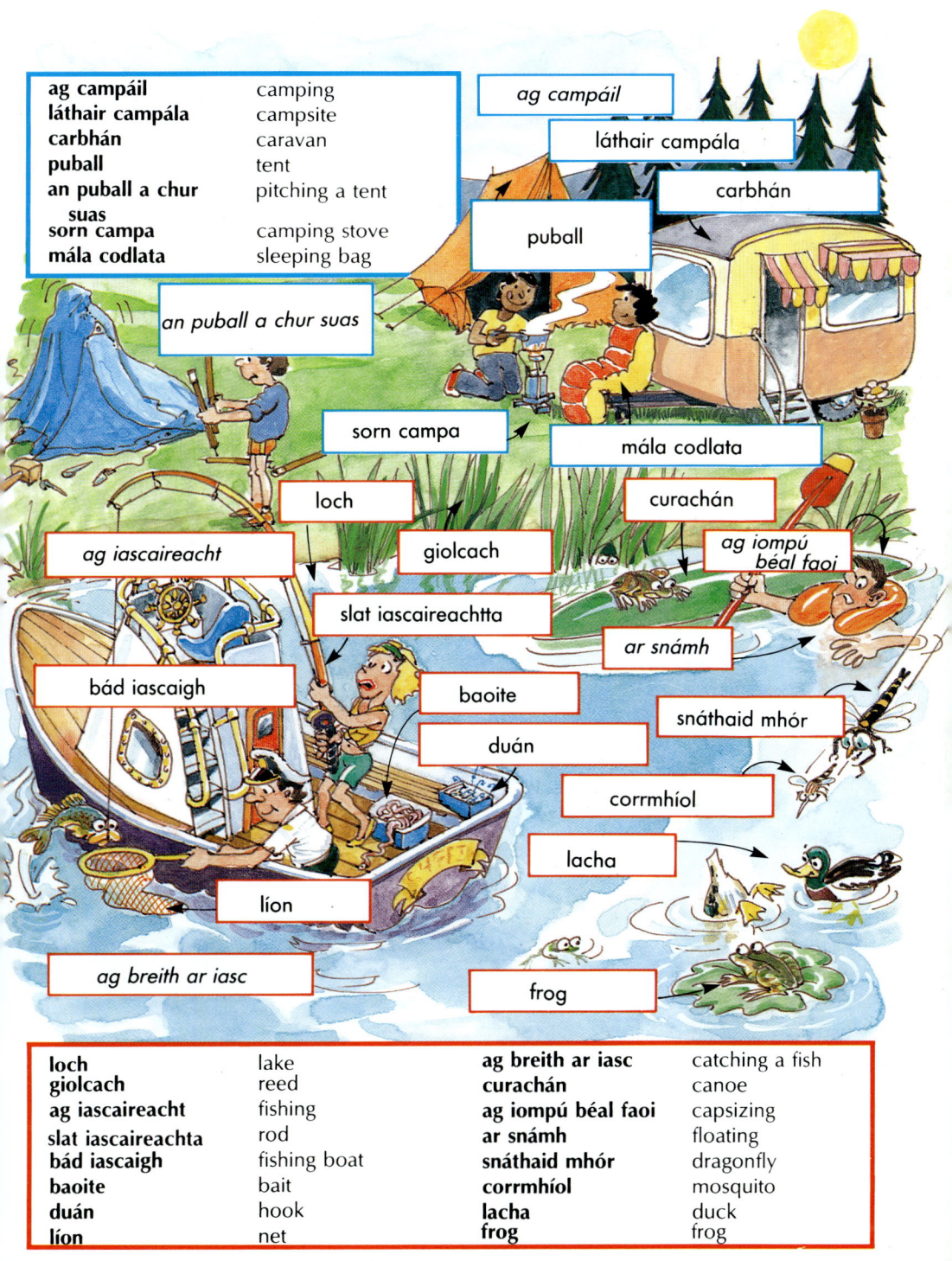

ag campáil	camping		ag breith ar iasc	catching a fish
láthair campála	campsite		curachán	canoe
carbhán	caravan		ag iompú béal faoi	capsizing
puball	tent		ar snámh	floating
an puball a chur suas	pitching a tent		snáthaid mhór	dragonfly
sorn campa	camping stove		corrmhíol	mosquito
mála codlata	sleeping bag		lacha	duck
loch	lake		frog	frog
giolcach	reed			
ag iascaireacht	fishing			
slat iascaireachta	rod			
bád iascaigh	fishing boat			
baoite	bait			
duán	hook			
líon	net			

Labels in image: ag campáil, láthair campála, carbhán, puball, an puball a chur suas, sorn campa, mála codlata, loch, giolcach, ag iascaireacht, slat iascaireachtta, bád iascaigh, baoite, duán, líon, ag breith ar iasc, curachán, ag iompú béal faoi, ar snámh, snáthaid mhór, corrmhíol, lacha, frog

In the countryside

sráidbhaile	village
radharc tíre	landscape
suaimhneach	peaceful
taobh tíre	countryside
teachín	cottage
ag dul ag siúl	to go for a walk

cosán	path
sruthán	stream
móinéar	meadow
coinín	rabbit
caochán	mole
ag dreapadh crainn	climbing a tree
bláthanna léana	wild flowers
ag cruinniú bláthanna	picking flowers
coróg	a bunch of flowers
nóinín	daisy
cailleach dhearg	poppy

62

coill	wood
crann darach	oak tree
crann giúise	pine tree
duilleog	leaf
géag	branch
ulchabhán	owl
lon dubh	blackbird
iora rua	squirrel
smólach	thrush
sionnach	fox
ag eitilt	flying
gealbhan	sparrow

- coill
- crann darach
- crann giúise
- duilleog
- géag
- ulchabhán
- lon dubh
- smólach
- iora rua
- ag eitilt
- gealbhan
- sionnach

gleann	valley
cnoc	hill
droichead	bridge
fána	slope
saileach shilte	weeping willow
bruach	bank
abhainn	river
cuileog	fly
damhán alla	spider
corrmhíol	mosquito

- gleann
- cnoc
- droichead
- fána
- saileach shilte
- bruach
- abhainn
- damhán alla
- cuileog
- corrmhíol

On the farm

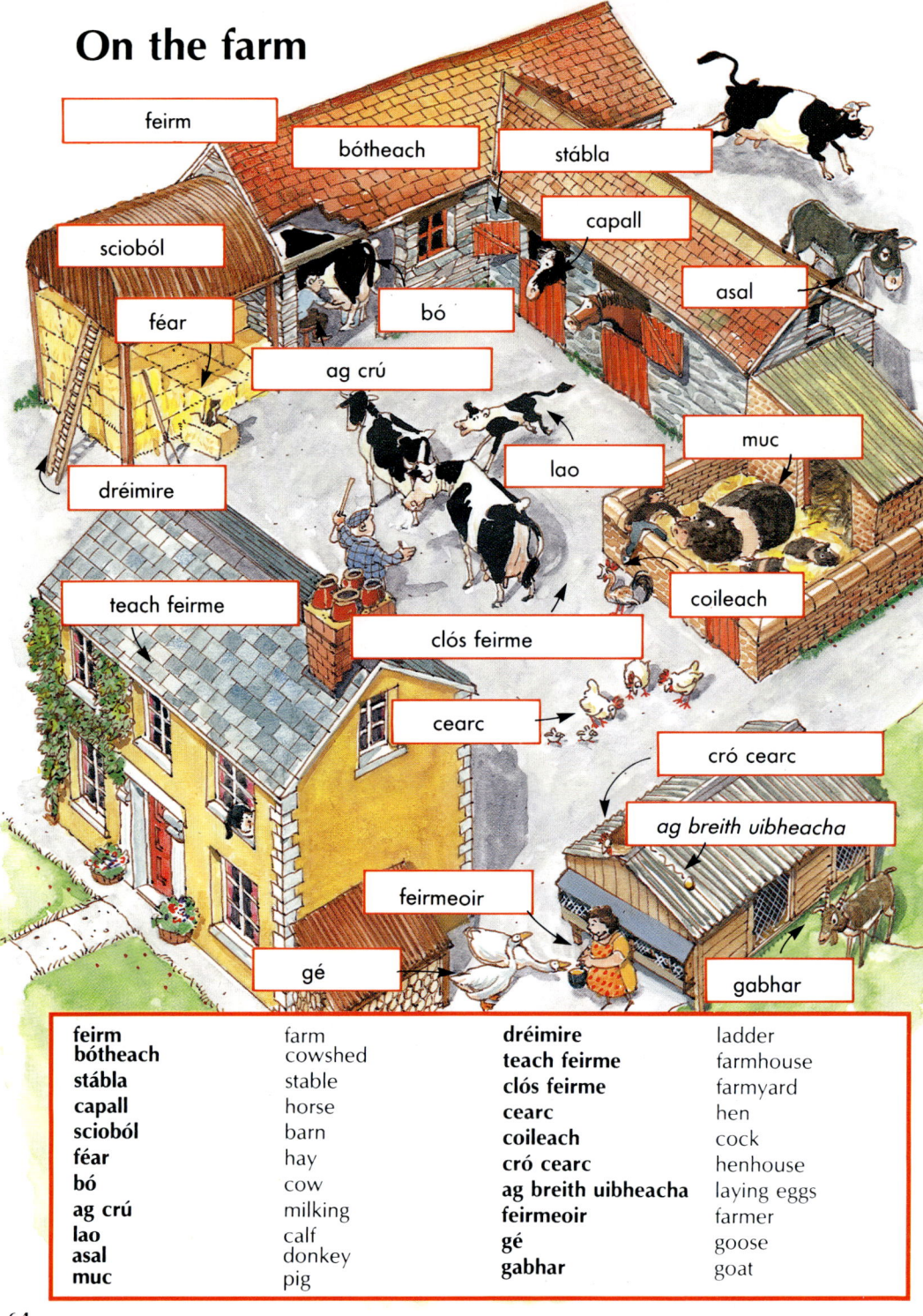

Labels on illustration: feirm, bótheach, stábla, scioból, capall, féar, asal, bó, ag crú, muc, lao, dréimire, teach feirme, coileach, clós feirme, cearc, cró cearc, ag breith uibheacha, feirmeoir, gé, gabhar

feirm	farm	**dréimire**	ladder
bótheach	cowshed	**teach feirme**	farmhouse
stábla	stable	**clós feirme**	farmyard
capall	horse	**cearc**	hen
scioból	barn	**coileach**	cock
féar	hay	**cró cearc**	henhouse
bó	cow	**ag breith uibheacha**	laying eggs
ag crú	milking	**feirmeoir**	farmer
lao	calf	**gé**	goose
asal	donkey	**gabhar**	goat
muc	pig		

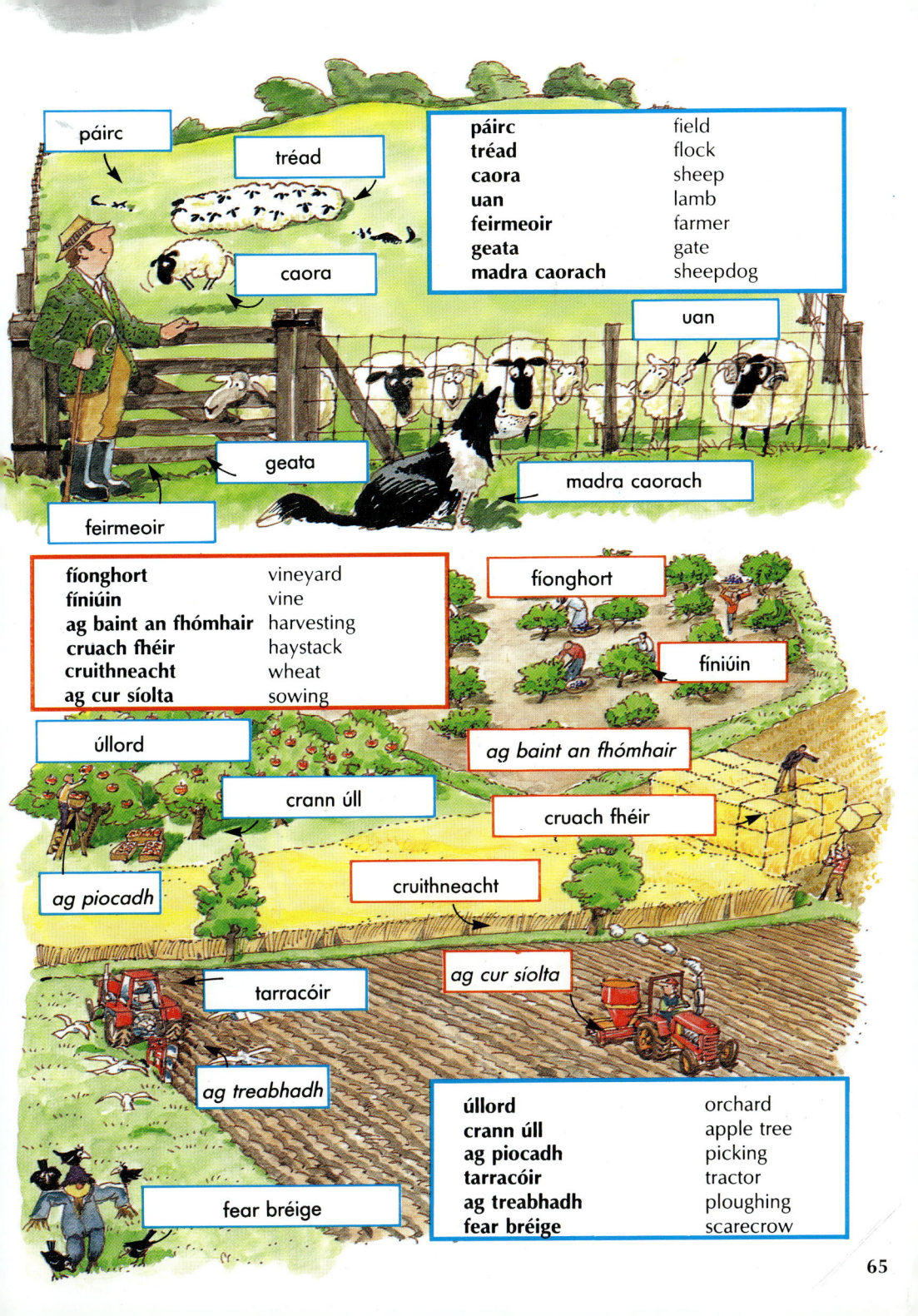

páirc	field
tréad	flock
caora	sheep
uan	lamb
feirmeoir	farmer
geata	gate
madra caorach	sheepdog

páirc

tréad

caora

uan

geata

madra caorach

feirmeoir

fíonghort	vineyard
fíniúin	vine
ag baint an fhómhair	harvesting
cruach fhéir	haystack
cruithneacht	wheat
ag cur síolta	sowing

fíonghort

fíniúin

úllord

crann úll

ag baint an fhómhair

cruach fhéir

ag piocadh

cruithneacht

ag cur síolta

tarracóir

ag treabhadh

fear bréige

úllord	orchard
crann úll	apple tree
ag piocadh	picking
tarracóir	tractor
ag treabhadh	ploughing
fear bréige	scarecrow

At work

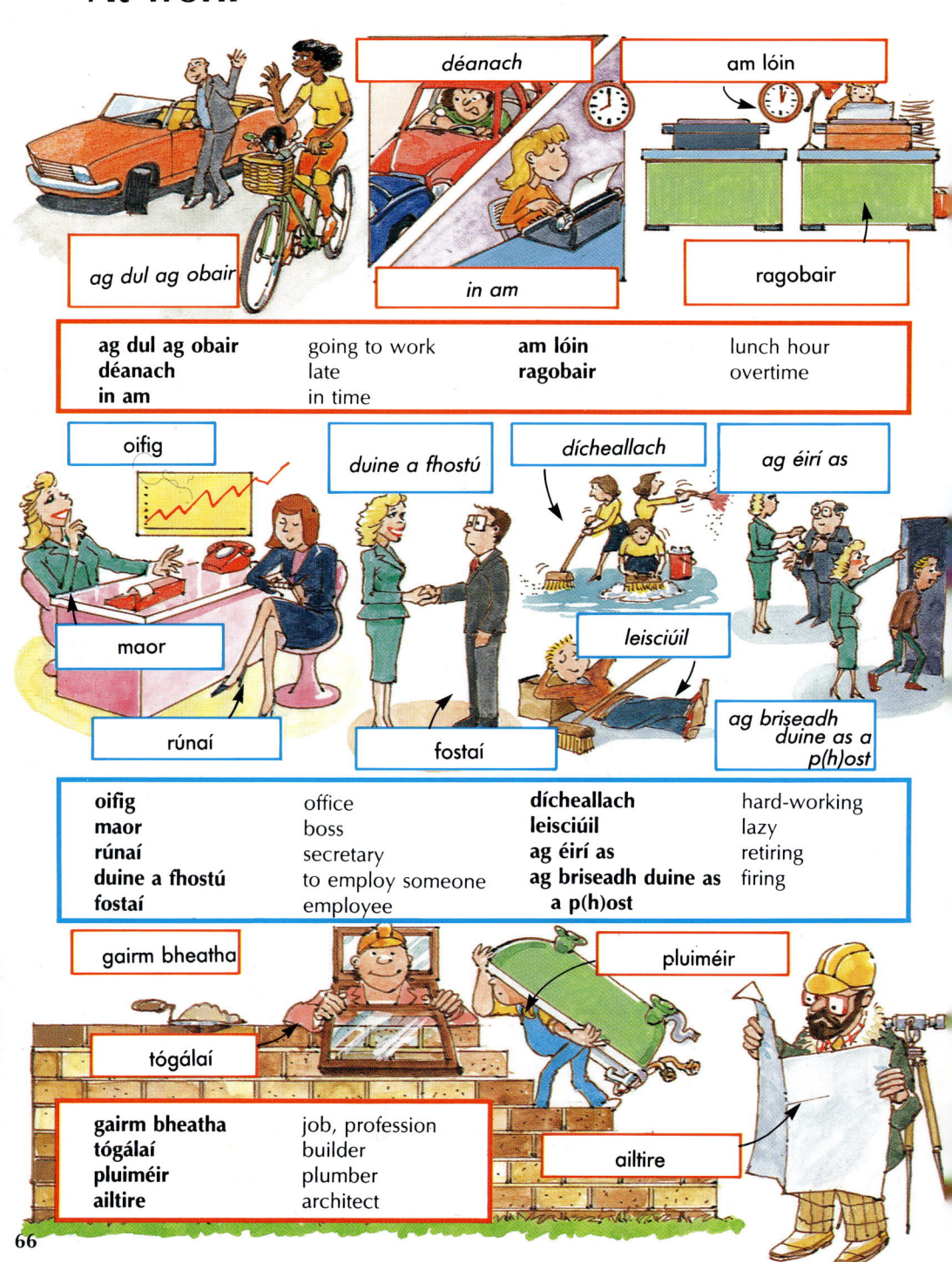

ag dul ag obair — *déanach* — *in am* — *am lóin* — *ragobair*

ag dul ag obair	going to work	**am lóin**	lunch hour
déanach	late	**ragobair**	overtime
in am	in time		

oifig — *duine a fhostú* — *dícheallach* — *ag éirí as* — *maor* — *leisciúil* — *rúnaí* — *fostaí* — *ag briseadh duine as a p(h)ost*

oifig	office	**dícheallach**	hard-working
maor	boss	**leisciúil**	lazy
rúnaí	secretary	**ag éirí as**	retiring
duine a fhostú	to employ someone	**ag briseadh duine as a p(h)ost**	firing
fostaí	employee		

gairm bheatha — *tógálaí* — *pluiméir* — *ailtire*

gairm bheatha	job, profession
tógálaí	builder
pluiméir	plumber
ailtire	architect

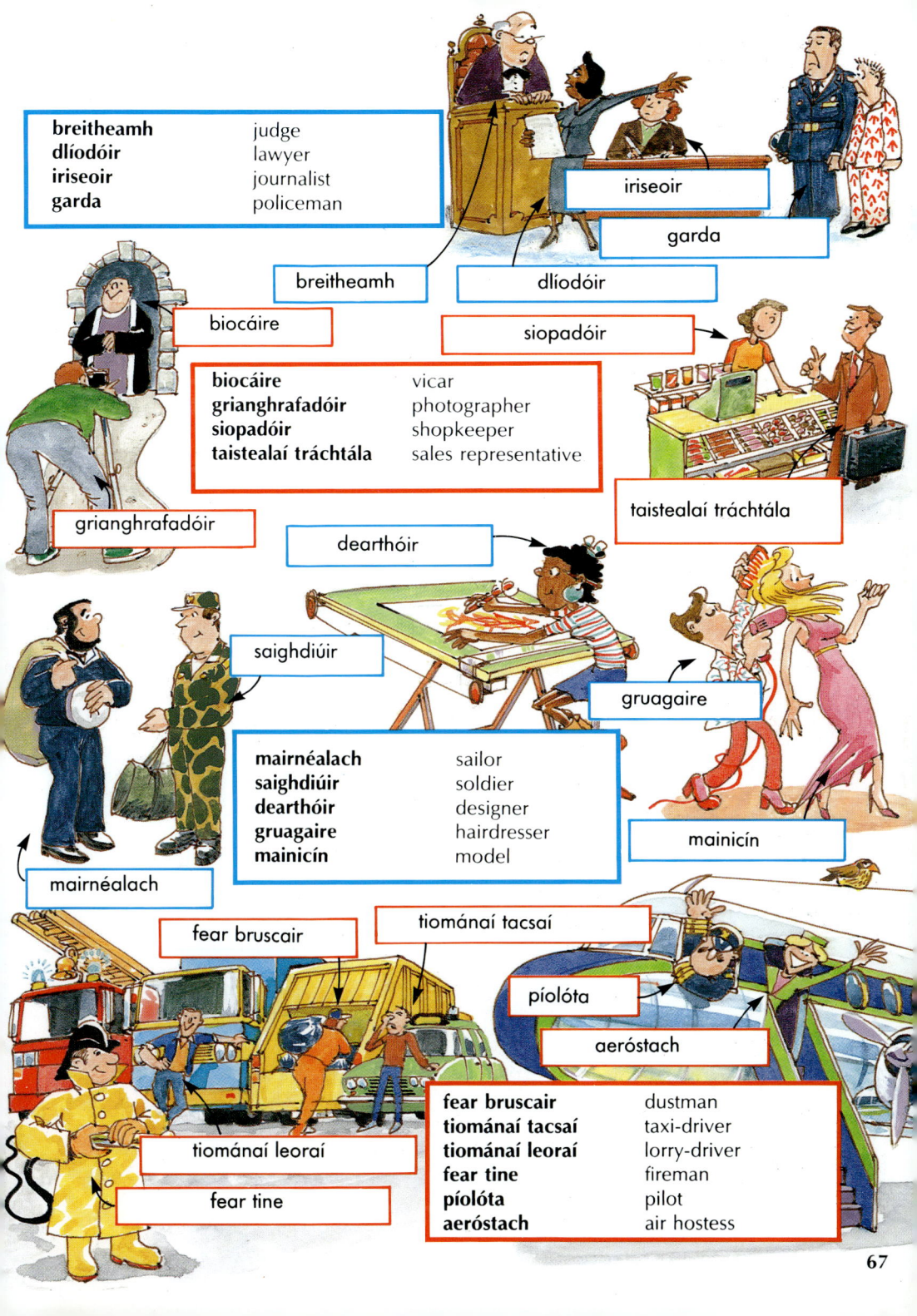

breitheamh	judge
dlíodóir	lawyer
iriseoir	journalist
garda	policeman

iriseoir
garda
breitheamh
dlíodóir
biocáire
siopadóir

biocáire	vicar
grianghrafadóir	photographer
siopadóir	shopkeeper
taistealaí tráchtála	sales representative

taistealaí tráchtála
grianghrafadóir
dearthóir
saighdiúir
gruagaire

mairnéalach	sailor
saighdiúir	soldier
dearthóir	designer
gruagaire	hairdresser
mainicín	model

mainicín
mairnéalach
fear bruscair
tiománaí tacsaí
píolóta
aeróstach

fear bruscair	dustman
tiománaí tacsaí	taxi-driver
tiománaí leoraí	lorry-driver
fear tine	fireman
píolóta	pilot
aeróstach	air hostess

tiománaí leoraí
fear tine

Illness and health

- ag mothú tinn
- teocht
- teirmiméadar
- fiabhras a bheith ar dhuine
- dochtúir
- oideas
- ag leigheas
- a bheith ar fónamh
- piolla
- sláintiúil

ag mothú tinn	to feel ill	dochtúir	doctor
teocht	temperature	oideas	prescription
teirmiméadar	thermometer	ag leigheas	curing
fiabhras a bheith ar dhuine	to have a fever	piolla	pill
		a bheith ar fónamh	to be well
		sláintiúil	healthy

- slaghdán a bheith ar...
- sraoth a dhéanamh
- ag titim i laige
- tinneas goile a bheith ar...
- tinn
- tinneas cinn a bheith ar...
- tinneas fiacaile a bheith ar...

slaghdán a bheith ar...	to have a cold
sraoth a dhéanamh	to sneeze
ag titim i laige	fainting
tinneas goile a bheith ar	to have stomach ache
tinn	sick
tinneas cinn a bheith ar...	to have a headache

- fiaclóir
- líonadh i bhfiacail
- instealladh

fiaclóir	dentist
líonadh i bhfiacail	a filling
instealladh	injection
tinneas fiacaile a bheith ar...	to have toothache

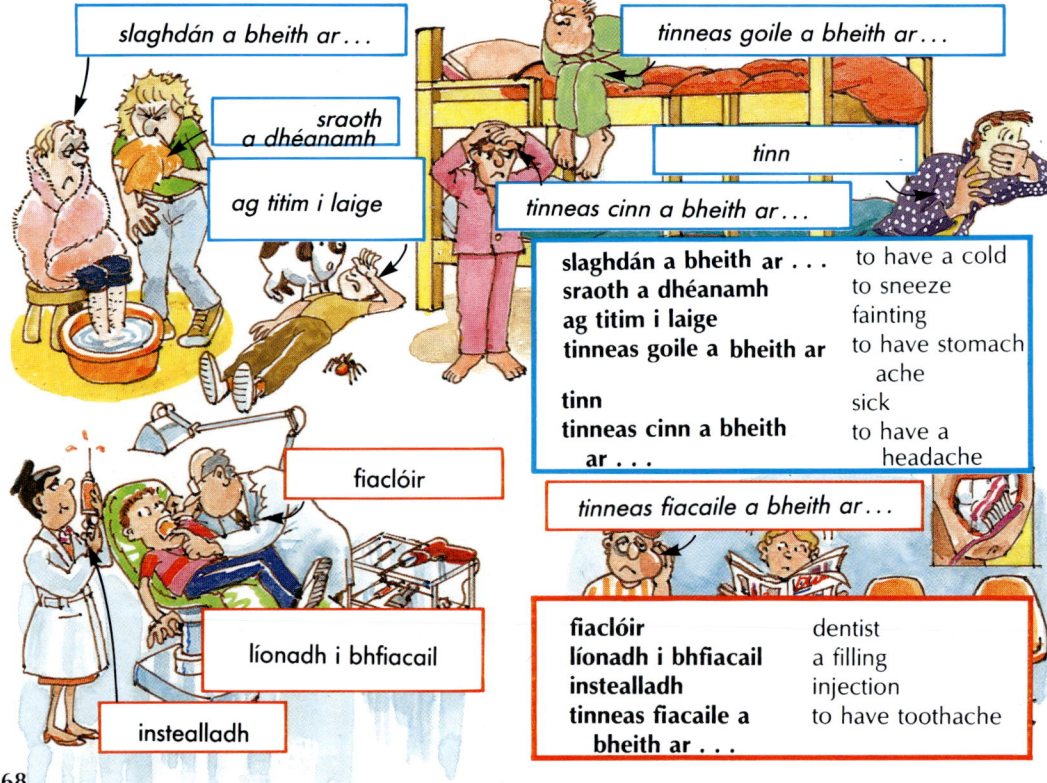

Labels

- ospidéal
- roinn taismigh
- brú craicinn
- do chos a bhriseadh
- gearradh
- dó
- do chaol láimhe a leonadh
- plástar
- bindealán

ospidéal	hospital
roinn taismigh	casualty department
do chos a bhriseadh	to break your leg
brú craicinn	bruise
gearradh	cut
dó	burn
do chaol láimhe a leonadh	to sprain your wrist
plástar	sticking plaster
bindealán	bandage

Labels

- otharcharr
- cuisle duine a bhrath
- othar
- sínteán

otharcharr	ambulance
cuisle duine a bhrath	to take someone's pulse
sínteán	stretcher
othar	patient

Labels

- obrádlann
- obráid
- banaltra
- máinlia

obrádlann	operating theatre
máinlia	surgeon
obráid	operation
banaltra	nurse

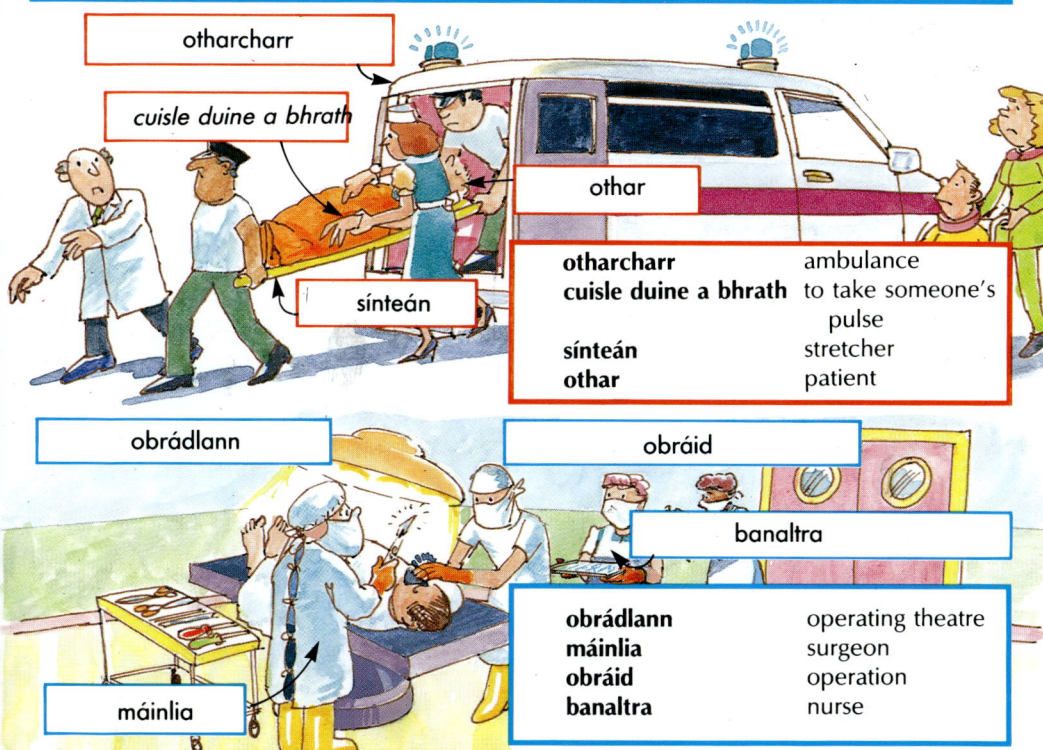

69

School and education

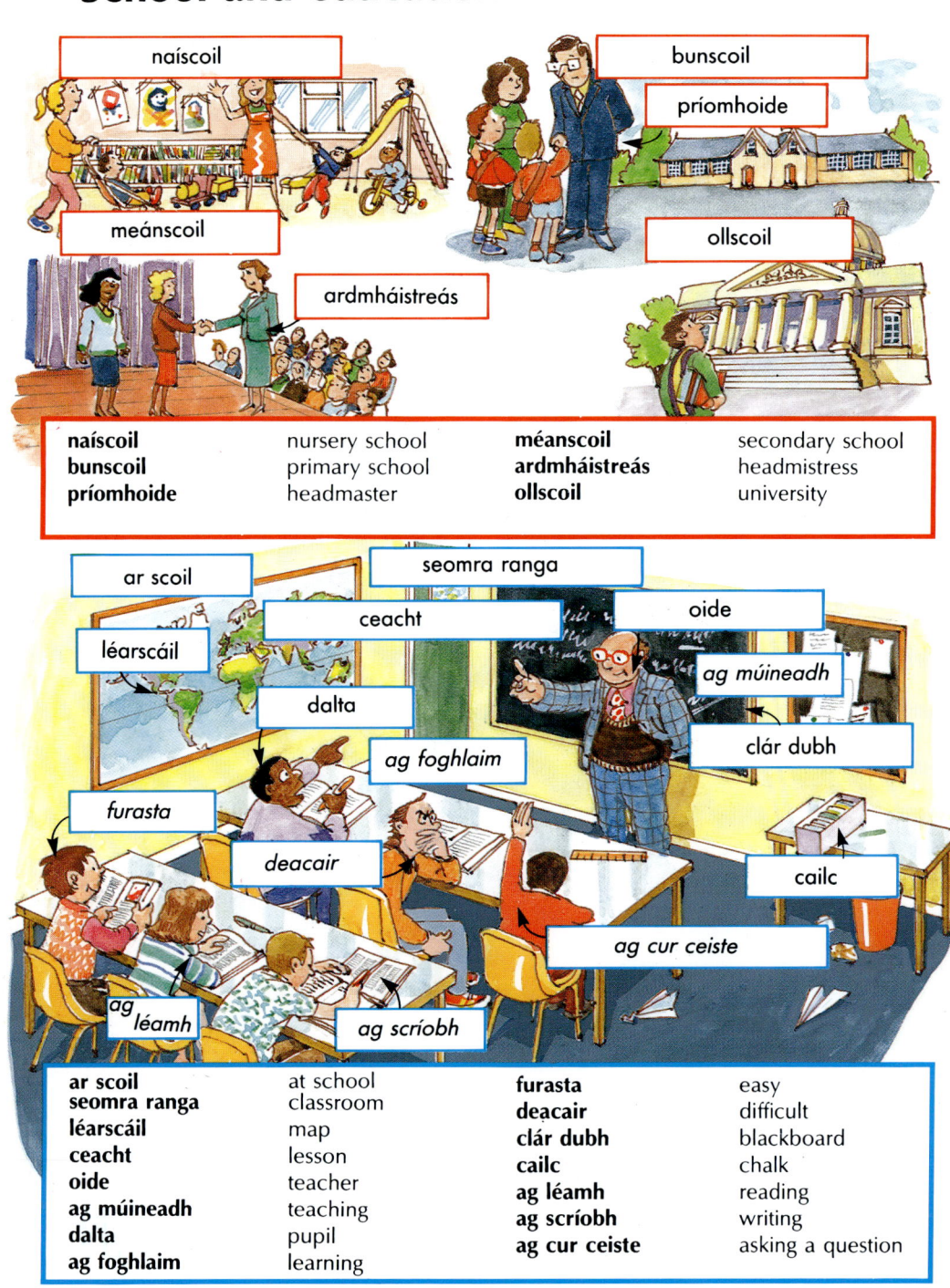

naíscoil
bunscoil
príomhoide
meánscoil
ardmháistreás
ollscoil

naíscoil	nursery school	**meánscoil**	secondary school
bunscoil	primary school	**ardmháistreás**	headmistress
príomhoide	headmaster	**ollscoil**	university

ar scoil
seomra ranga
ceacht
oide
léarscáil
ag múineadh
dalta
ag foghlaim
clár dubh
furasta
deacair
cailc
ag cur ceiste
ag léamh
ag scríobh

ar scoil	at school	**furasta**	easy
seomra ranga	classroom	**deacair**	difficult
léarscáil	map	**clár dubh**	blackboard
ceacht	lesson	**cailc**	chalk
oide	teacher	**ag léamh**	reading
ag múineadh	teaching	**ag scríobh**	writing
dalta	pupil	**ag cur ceiste**	asking a question
ag foghlaim	learning		

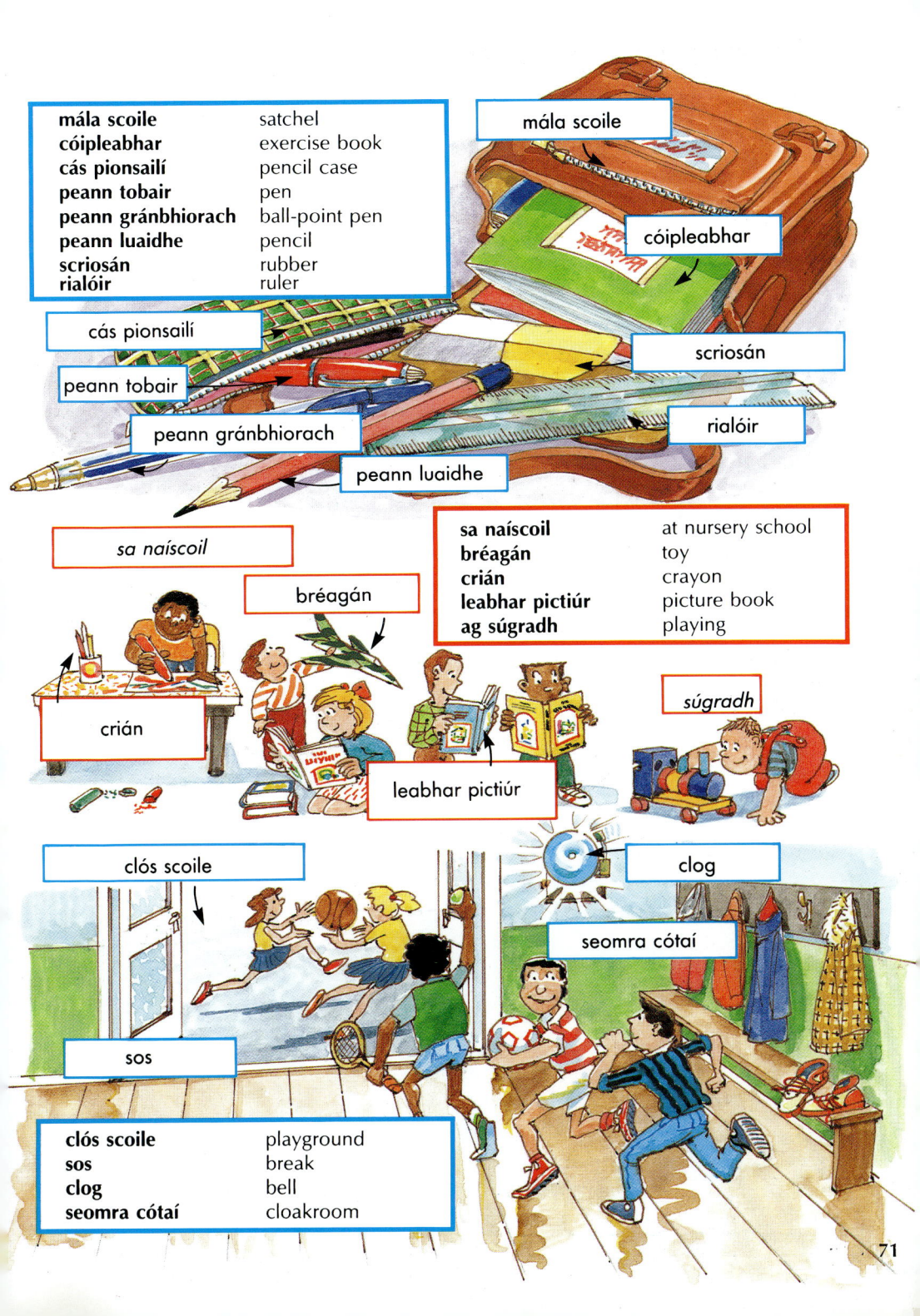

mála scoile	satchel
cóipleabhar	exercise book
cás pionsailí	pencil case
peann tobair	pen
peann gránbhiorach	ball-point pen
peann luaidhe	pencil
scriosán	rubber
rialóir	ruler

mála scoile
cóipleabhar
scriosán
rialóir
cás pionsailí
peann tobair
peann gránbhiorach
peann luaidhe

sa naíscoil	at nursery school
bréagán	toy
crián	crayon
leabhar pictiúr	picture book
ag súgradh	playing

sa naíscoil
bréagán
crián
leabhar pictiúr
súgradh

clós scoile
clog
seomra cótaí
sos

clós scoile	playground
sos	break
clog	bell
seomra cótaí	cloakroom

71

School and education

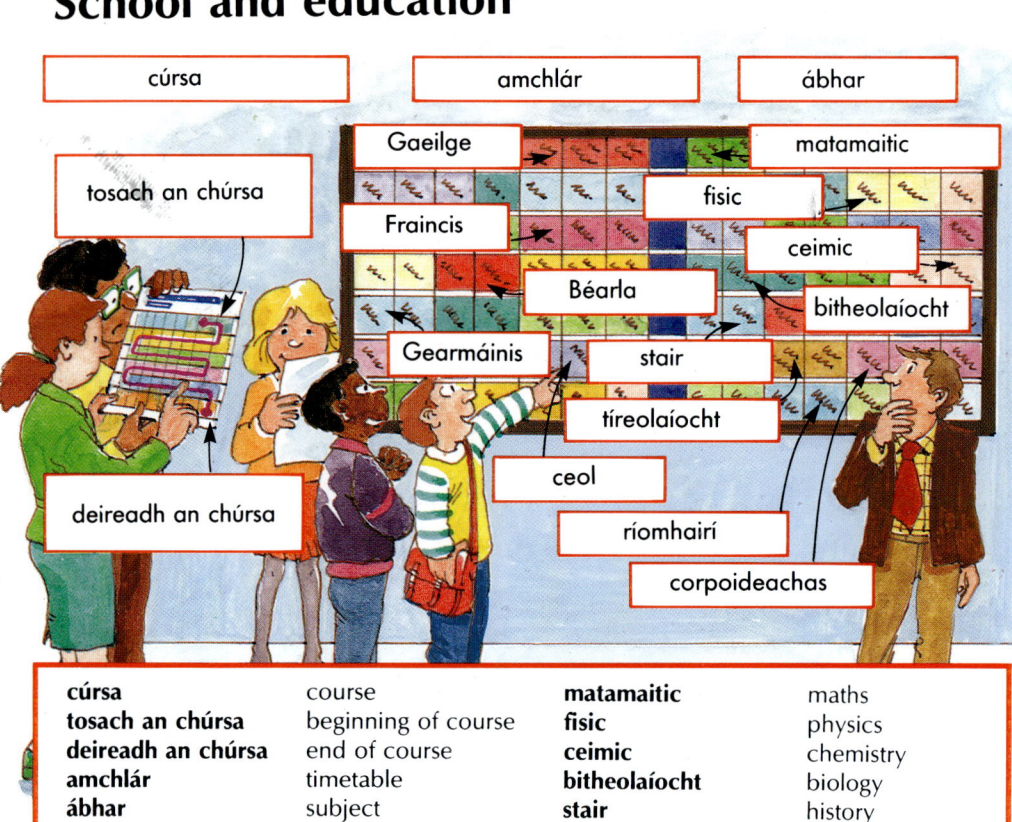

cúrsa amchlár ábhar

tosach an chúrsa

Gaeilge matamaitic
Fraincis fisic
ceimic
Béarla bitheolaíocht
Gearmáinis stair
tíreolaíocht
ceol
ríomhairí
corpoideachas

deireadh an chúrsa

cúrsa	course	**matamaitic**	maths
tosach an chúrsa	beginning of course	**fisic**	physics
deireadh an chúrsa	end of course	**ceimic**	chemistry
amchlár	timetable	**bitheolaíocht**	biology
ábhar	subject	**stair**	history
Gaeilge	Irish	**tíreolaíocht**	geography
Fraincis	French	**ceol**	music
Béarla	English	**ríomhairí**	computers
Gearmáinis	German	**corpoideachas**	PE

A B C D E F G H I J K L M N O P Q R S T U V W X Y Z

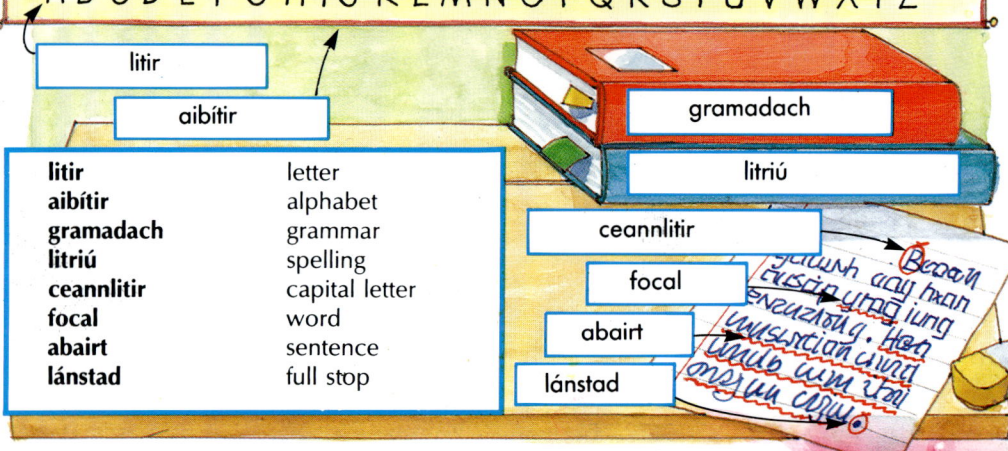

litir
aibítir
gramadach
litriú
ceannlitir
focal
abairt
lánstad

litir	letter
aibítir	alphabet
gramadach	grammar
litriú	spelling
ceannlitir	capital letter
focal	word
abairt	sentence
lánstad	full stop

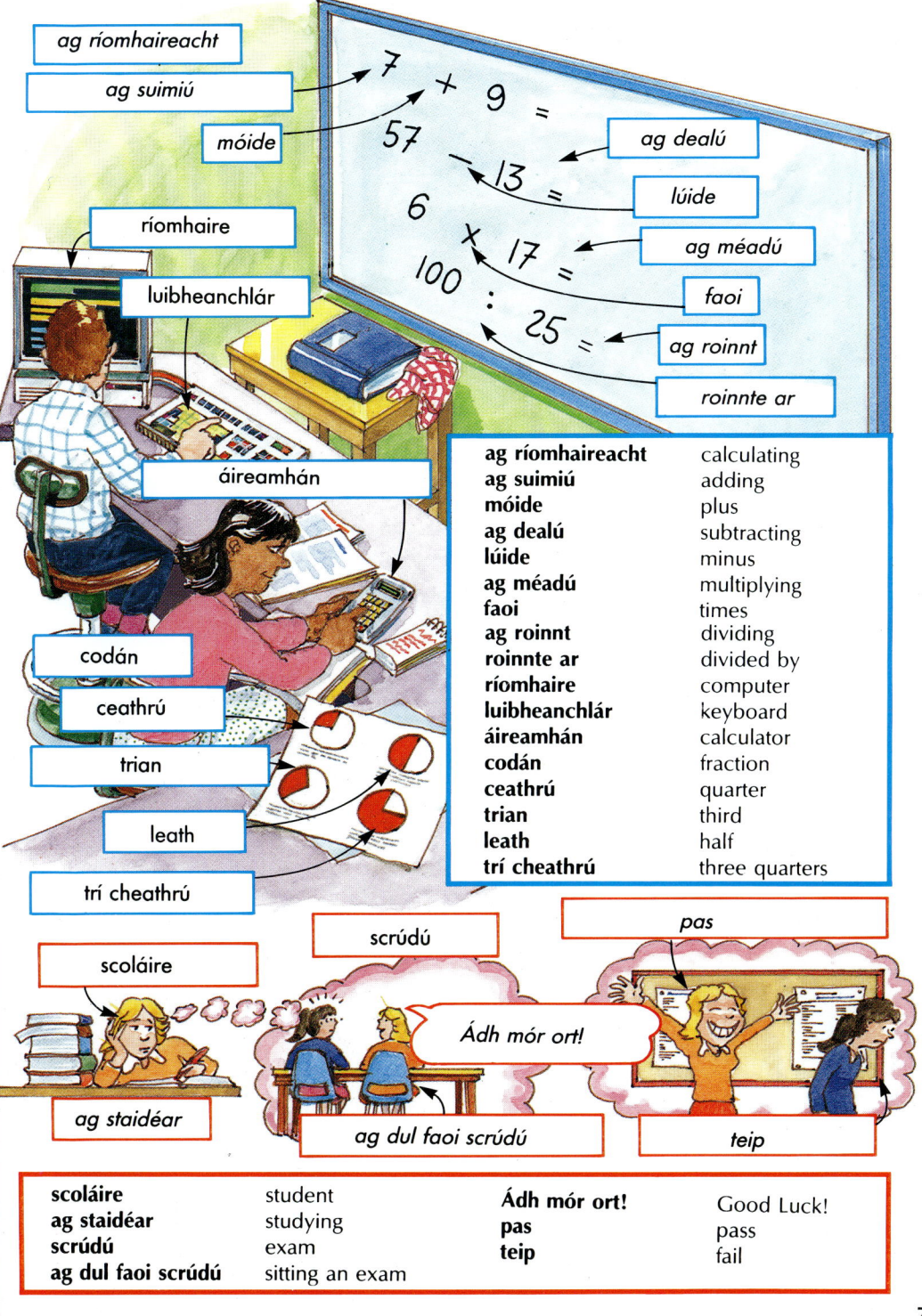

Labels on illustration:
- ag ríomhaireacht
- ag suimiú
- móide
- ag dealú
- lúide
- ag méadú
- faoi
- ag roinnt
- roinnte ar
- ríomhaire
- luibheanchlár
- áireamhán
- codán
- ceathrú
- trian
- leath
- trí cheathrú

Equations on blackboard:
$$7 + 9 =$$
$$57 - 13 =$$
$$6 \times 17 =$$
$$100 \div 25 =$$

ag ríomhaireacht	calculating
ag suimiú	adding
móide	plus
ag dealú	subtracting
lúide	minus
ag méadú	multiplying
faoi	times
ag roinnt	dividing
roinnte ar	divided by
ríomhaire	computer
luibheanchlár	keyboard
áireamhán	calculator
codán	fraction
ceathrú	quarter
trian	third
leath	half
trí cheathrú	three quarters

Labels on bottom illustration:
- scoláire
- ag staidéar
- scrúdú
- ag dul faoi scrúdú
- Ádh mór ort!
- pas
- teip

scoláire	student
ag staidéar	studying
scrúdú	exam
ag dul faoi scrúdú	sitting an exam
Ádh mór ort!	Good Luck!
pas	pass
teip	fail

Shapes and sizes

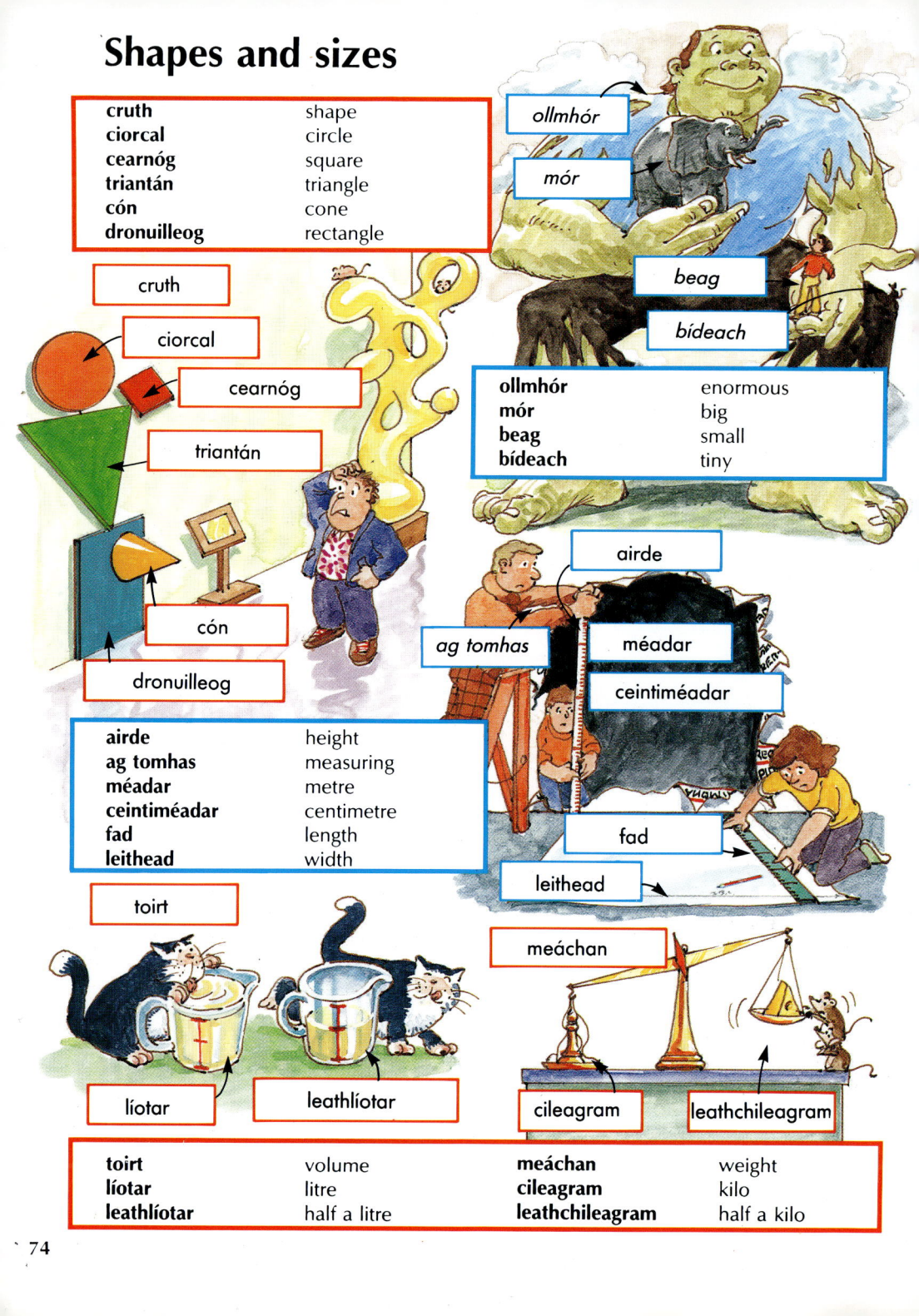

cruth	shape
ciorcal	circle
cearnóg	square
triantán	triangle
cón	cone
dronuilleog	rectangle

cruth

ciorcal

cearnóg

triantán

cón

dronuilleog

ollmhór

mór

beag

bídeach

ollmhór	enormous
mór	big
beag	small
bídeach	tiny

airde

ag tomhas

méadar

ceintiméadar

fad

leithead

airde	height
ag tomhas	measuring
méadar	metre
ceintiméadar	centimetre
fad	length
leithead	width

toirt

líotar

leathlíotar

meáchan

cileagram

leathchileagram

toirt	volume		**meáchan**	weight
líotar	litre		**cileagram**	kilo
leathlíotar	half a litre		**leathchileagram**	half a kilo

Numbers

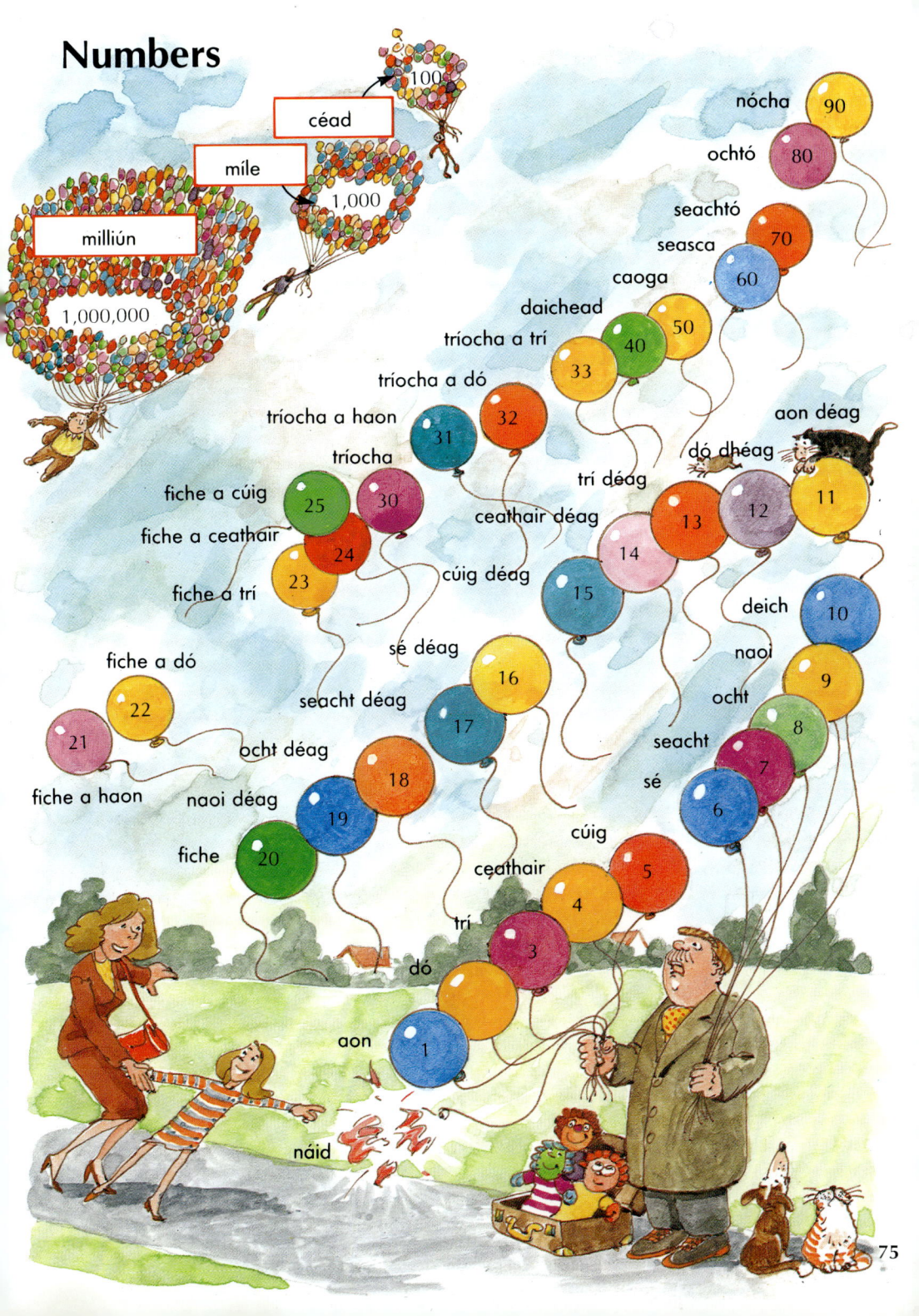

milliún — 1,000,000
míle — 1,000
céad — 100
nócha — 90
ochtó — 80
seachtó — 70
seasca — 60
caoga — 50
daichead — 40
tríocha a trí — 33
tríocha a dó — 32
tríocha a haon — 31
tríocha — 30
fiche a cúig — 25
fiche a ceathair — 24
fiche a trí — 23
fiche a dó — 22
fiche a haon — 21
fiche — 20
naoi déag — 19
ocht déag — 18
seacht déag — 17
sé déag — 16
cúig déag — 15
ceathair déag — 14
trí déag — 13
dó dhéag — 12
aon déag — 11
deich — 10
naoi — 9
ocht — 8
seacht — 7
sé — 6
cúig — 5
ceathair — 4
trí — 3
dó — 2
aon — 1
náid

Sport

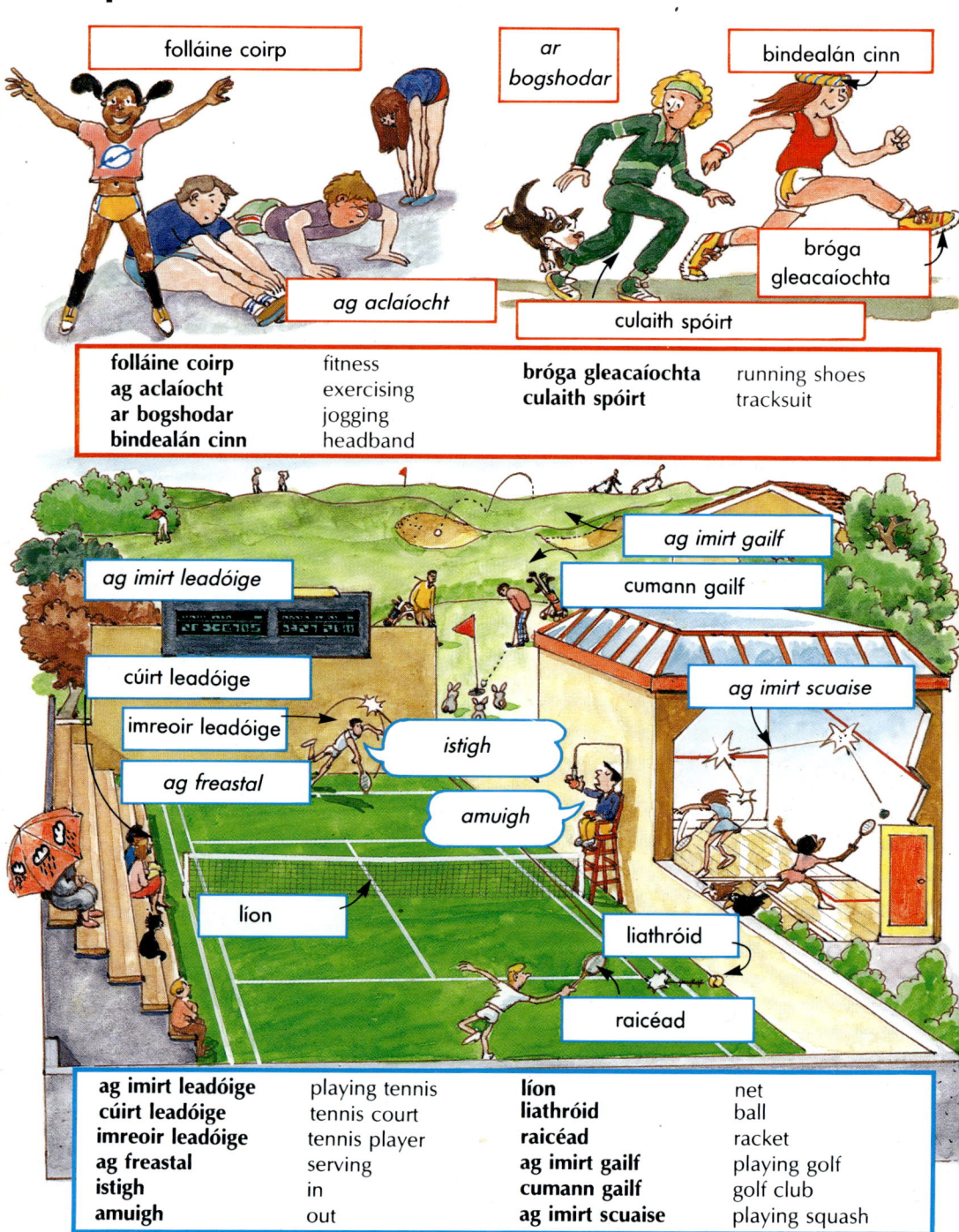

folláine coirp
ar bogshodar
bindealán cinn
ag aclaíocht
bróga gleacaíochta
culaith spóirt

folláine coirp	fitness	**bróga gleacaíochta**	running shoes
ag aclaíocht	exercising	**culaith spóirt**	tracksuit
ar bogshodar	jogging		
bindealán cinn	headband		

ag imirt gailf
cumann gailf
ag imirt leadóige
cúirt leadóige
ag imirt scuaise
imreoir leadóige
istigh
ag freastal
amuigh
líon
liathróid
raicéad

ag imirt leadóige	playing tennis	**líon**	net
cúirt leadóige	tennis court	**liathróid**	ball
imreoir leadóige	tennis player	**raicéad**	racket
ag freastal	serving	**ag imirt gailf**	playing golf
istigh	in	**cumann gailf**	golf club
amuigh	out	**ag imirt scuaise**	playing squash

ag imirt peile

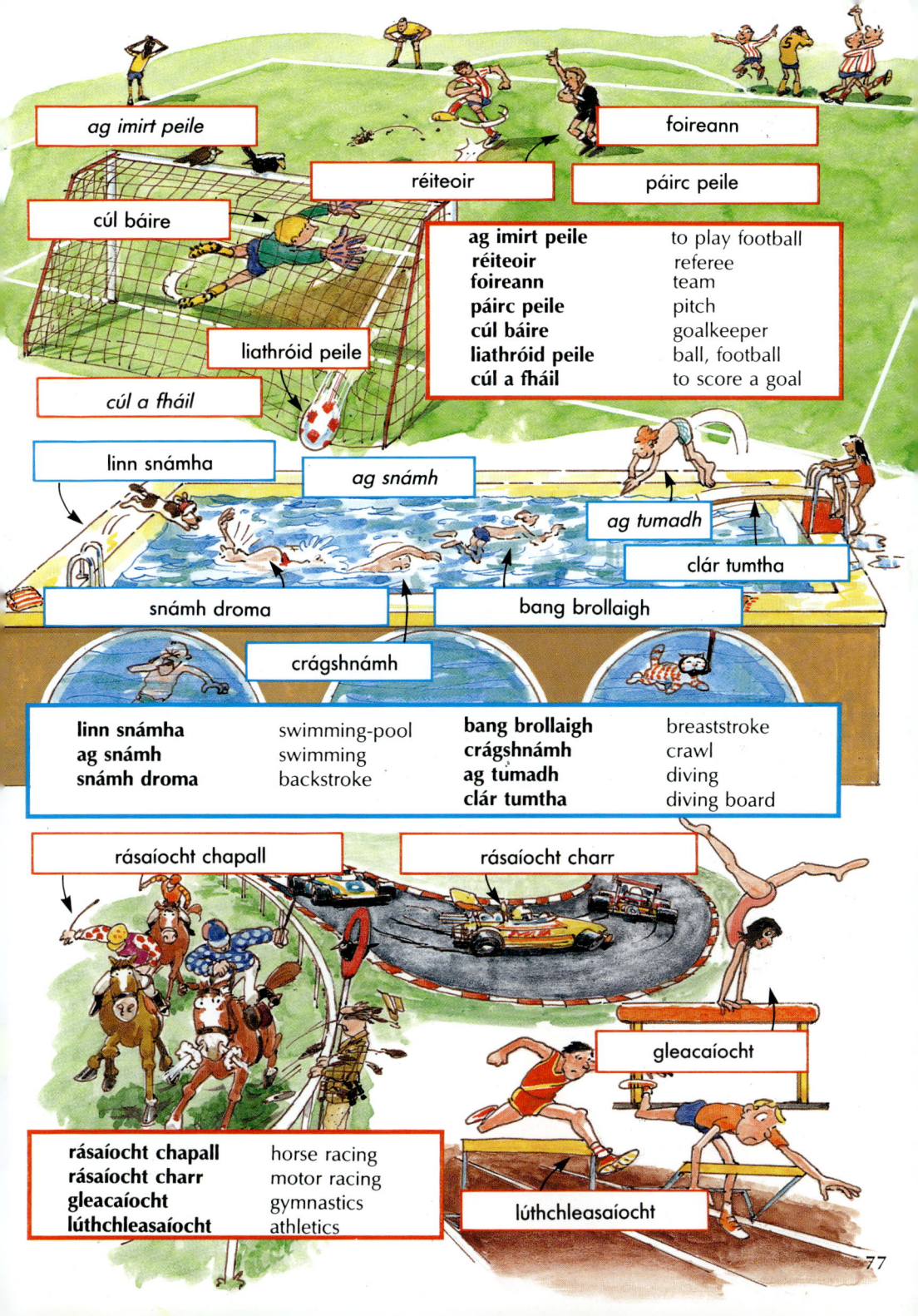

foireann

réiteoir

páirc peile

cúl báire

liathróid peile

cúl a fháil

ag imirt peile	to play football
réiteoir	referee
foireann	team
páirc peile	pitch
cúl báire	goalkeeper
liathróid peile	ball, football
cúl a fháil	to score a goal

linn snámha

ag snámh

ag tumadh

clár tumtha

snámh droma

bang brollaigh

crágshnámh

linn snámha	swimming-pool	**bang brollaigh**	breaststroke
ag snámh	swimming	**crágshnámh**	crawl
snámh droma	backstroke	**ag tumadh**	diving
		clár tumtha	diving board

rásaíocht chapall

rásaíocht charr

gleacaíocht

lúthchleasaíocht

rásaíocht chapall	horse racing
rásaíocht charr	motor racing
gleacaíocht	gymnastics
lúthchleasaíocht	athletics

Celebrations

breithlá	birthday
féasta	party
balún	balloon
Breithlá Sona	Happy Birthday
cuireadh a thabhairt	to invite
taitneamh a bhaint as	to have fun, to enjoy yourself
císte	cake
coinneal	candle
cárta breithlae	birthday card
bronntanas	present
páipéar beartán	wrapping paper

breithlá
féasta
balún
Breithlá Sona
cuireadh a thabhairt
taitneamh a bhaint as
císte
coinneal
cárta breithlae
bronntanas
páipéar beartán

Lá Nollag
Cáisc
Nollaig
Na Trí Ríthe
crann Nollag

Cáisc	Easter
Nollaig	Christmas
Lá Nollag	Christmas Day
Na Trí Ríthe	the Three Wise Men
crann Nollag	Christmas tree

geallúint pósta — bainis — *ag pósadh*

fear nuaphósta — brídeach

aoi

ag déanamh comhghairdis

crobhaing

sona

mí na meala

geallúint pósta	engagement
bainis	wedding
ag pósadh	marrying
fear nuaphósta	bridegroom
brídeach	bride
aoi	guest
ag déanamh comhghairdis	congratulating
crobhaing	bouquet
sona	happy
mí na meala	honeymoon

Nollaig shona!

carúl

ag tabhairt bronntanais — *ag fáil bronntanais*

Go raibh maith agat.

ag gabháil buíochais le

Nollaig shona!	Happy Christmas.
carúl	carol
ag tabhairt bronntanais	giving a present
ag fáil bronntanais	receiving a present
Go raibh maith agat.	Thank you.
ag gabháil buíochais le	thanking

Oíche Chinn Bhliana

Lá Coille

ag ceiliúradh

Athbhliain faoi mhaise!

Oíche Chinn Bhliana	New Year's Eve
Lá Coille	New Year's Day
ag ceiliúradh	celebrating
Athbhliain faoi mhaise!	Happy New Year.

Days and dates

féilire

mí

Eanáir
Feabhra
Márta
Aibreán
Bealtaine
Meitheamh
Iúil
Lúnasa
Meán Fómhair
Deireadh Fómhair
Samhain
Nollaig

bliain

An Luan
An Mháirt
An Chéadaoin
An Déardaoin
An Aoine
An Satharn
An Domhnach

lá

seachtain

deireadh seachtaine

féilire	calendar
mí	month
Eanáir	January
Feabhra	February
Márta	March
Aibreán	April
Bealtaine	May
Meitheamh	June
Iúil	July
Lúnasa	August
Meán Fómhair	September
Deireadh Fómhair	October
Samhain	November
Nollaig	December
bliain	year
lá	day
seachtain	week
deireadh seachtaine	weekend
An Luan	Monday
An Mháirt	Tuesday
An Chéadaoin	Wednesday
An Déardaoin	Thursday
An Aoine	Friday
An Satharn	Saturday
An Domhnach	Sunday

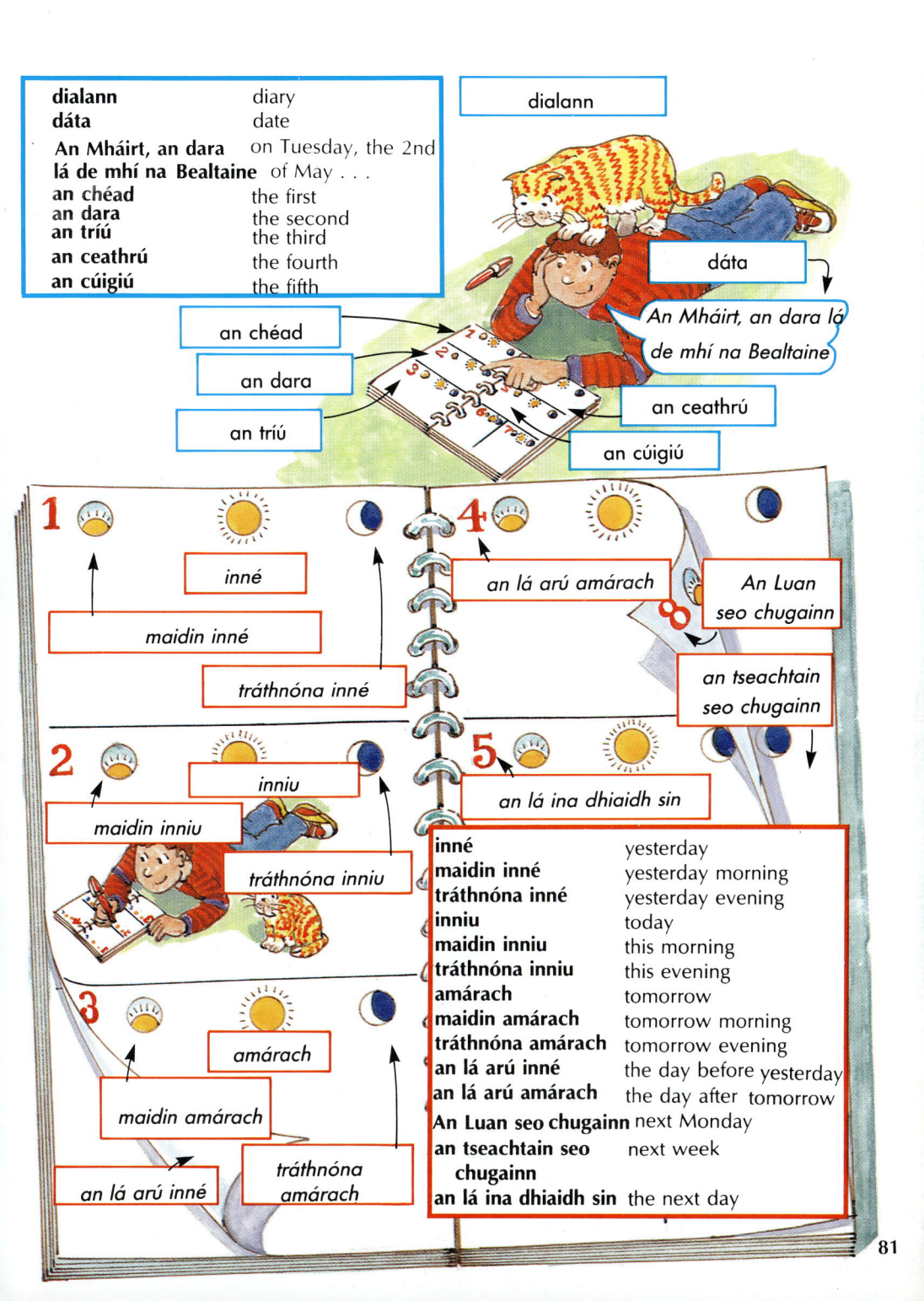

dialann	diary
dáta	date
An Mháirt, an dara lá de mhí na Bealtaine	on Tuesday, the 2nd of May . . .
an chéad	the first
an dara	the second
an tríú	the third
an ceathrú	the fourth
an cúigiú	the fifth

dialann

dáta

An Mháirt, an dara lá de mhí na Bealtaine

an chéad

an dara

an tríú

an ceathrú

an cúigiú

1

inné

maidin inné

tráthnóna inné

2

inniu

maidin inniu

tráthnóna inniu

3

amárach

maidin amárach

an lá arú inné

tráthnóna amárach

4

an lá arú amárach

An Luan seo chugainn

an tseachtain seo chugainn

5

an lá ina dhiaidh sin

inné	yesterday
maidin inné	yesterday morning
tráthnóna inné	yesterday evening
inniu	today
maidin inniu	this morning
tráthnóna inniu	this evening
amárach	tomorrow
maidin amárach	tomorrow morning
tráthnóna amárach	tomorrow evening
an lá arú inné	the day before yesterday
an lá arú amárach	the day after tomorrow
An Luan seo chugainn	next Monday
an tseachtain seo chugainn	next week
an lá ina dhiaidh sin	the next day

Time

breacadh lae
maidin
lá
éirí gréine
grian
spéir

Tá sé ag éirí geal.
Tá sé ina lá.

breacadh lae	dawn	**grian**	sun
éirí gréine	sunrise	**spéir**	sky
Tá sé ag éirí geal.	It is getting light.	**Tá sé ina lá.**	It is light.
maidin	morning	**lá**	day, daytime

tráthnóna
tráthnóna
oíche
dul faoi na gréine
réaltaí
gealach

Tá sé ag éirí dorcha.
Tá sé dorcha.

tráthnóna	evening	**réaltaí**	stars
dul faoi na gréine	sunset	**gealach**	moon
Tá sé ag éirí dorcha.	It is getting dark.	**Tá sé dorcha.**	It is dark.
oíche	night		

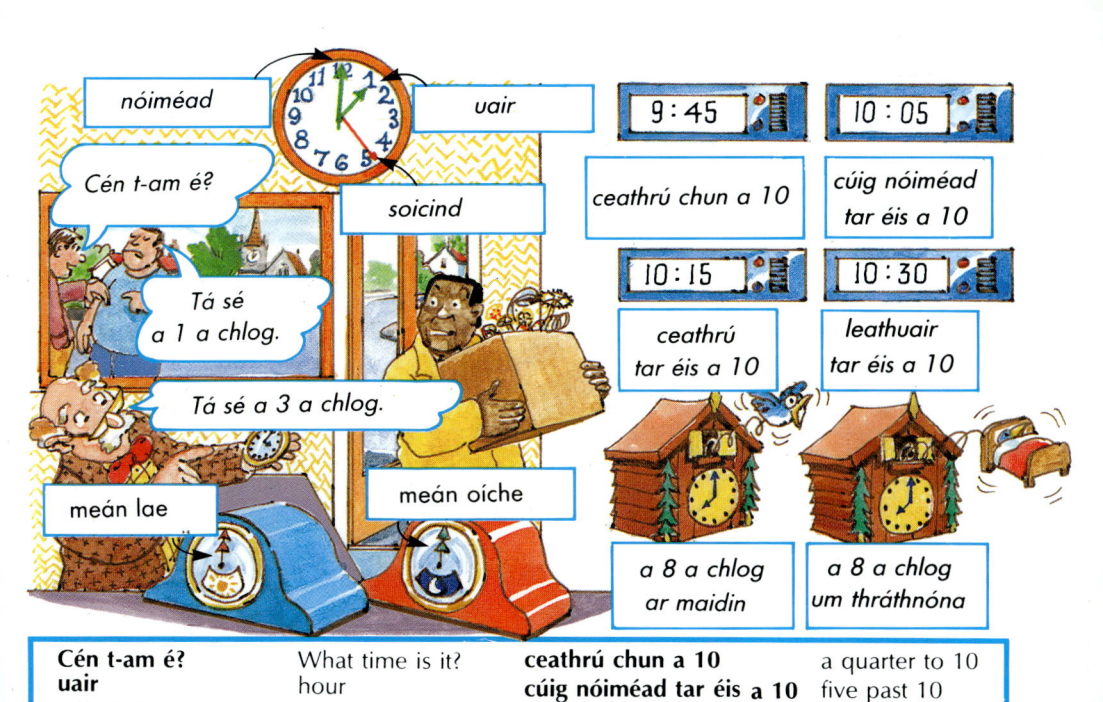

nóiméad
uair
Cén t-am é?
soicind
Tá sé a 1 a chlog.
Tá sé a 3 a chlog.
meán lae
meán oíche

9:45 — ceathrú chun a 10
10:05 — cúig nóiméad tar éis a 10
10:15 — ceathrú tar éis a 10
10:30 — leathuair tar éis a 10
a 8 a chlog ar maidin
a 8 a chlog um thráthnóna

Cén t-am é?	What time is it?	ceathrú chun a 10	a quarter to 10
uair	hour	cúig nóiméad tar éis a 10	five past 10
nóiméad	minute	ceathrú tar éis a 10	a quarter past 10
soicind	second	leathuair tar éis a 10	half past 10
Tá sé a 1 a chlog.	It is 1 o'clock	a 8 a chlog ar maidin	8 a.m.
Tá sé a 3 a chlog.	It is 3 o'clock	a 8 a chlog um thráthnóna	8 p.m.
meán lae	midday		
meán oíche	midnight		

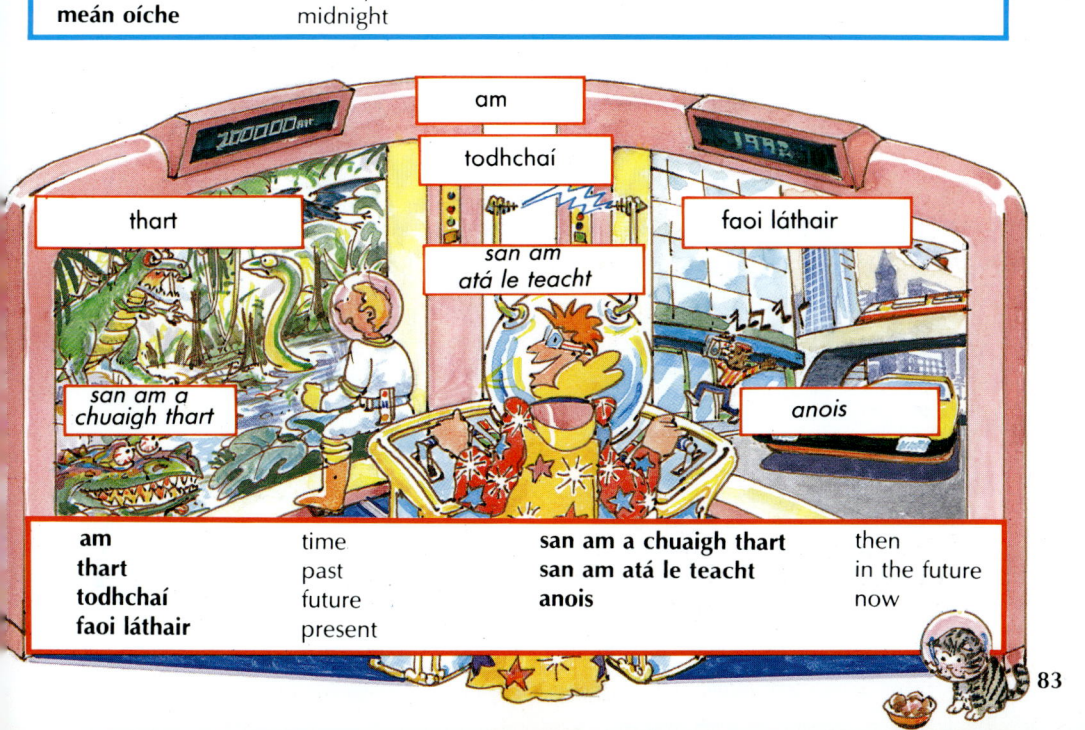

am
todhchaí
thart
faoi láthair
san am atá le teacht
san am a chuaigh thart
anois

am	time	san am a chuaigh thart	then
thart	past	san am atá le teacht	in the future
todhchaí	future	anois	now
faoi láthair	present		

Weather and seasons

séasúr	season
earrach	spring
samhradh	summer
fómhar	autumn
geimhreadh	winter

séasúr
earrach
aimsir
ag cur báistí
geimhreadh
báisteach
stoirm
scamall
fómhar
samhradh
tintreach
toirneach
bogha báistí
scáth fearthainne
báite go craiceann
buataisí rubair
locháinín
braon báistí
clocha sneachta
tuile

aimsir	weather
ag cur báistí	It's raining.
báisteach	rain
stoirm	storm
scamall	cloud
tintreach	lightning
toirneach	thunder
scáth fearthainne	umbrella
bogha báistí	rainbow
buataisí rubair	wellington boots
báite go craiceann	soaked to the skin
locháinín	puddle
braon báistí	raindrop
clocha sneachta	hail
tuile	flood

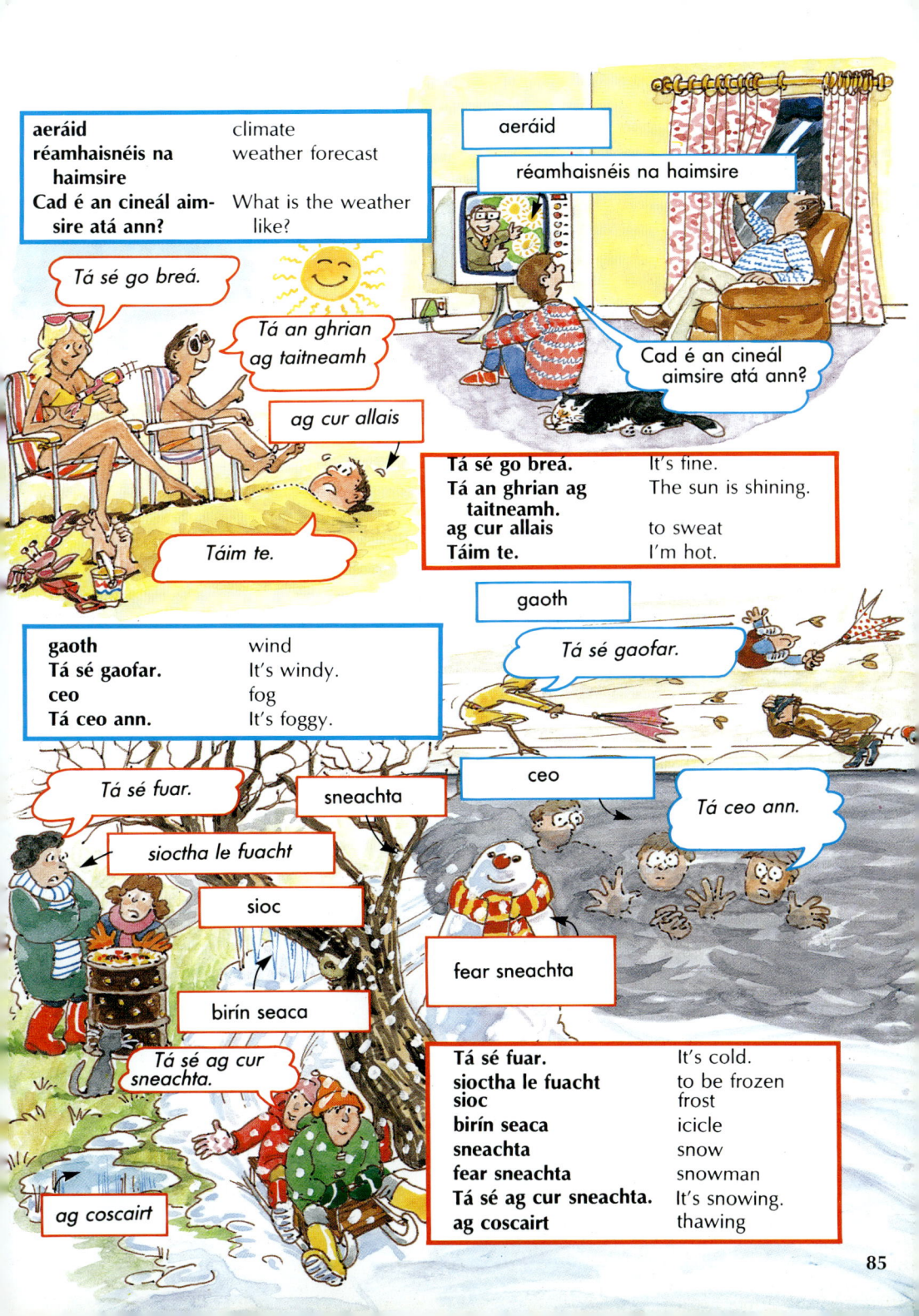

aeráid	climate
réamhaisnéis na haimsire	weather forecast
Cad é an cineál aimsire atá ann?	What is the weather like?

aeráid

réamhaisnéis na haimsire

Tá sé go breá.

Tá an ghrian ag taitneamh

ag cur allais

Cad é an cineál aimsire atá ann?

Táim te.

Tá sé go breá.	It's fine.
Tá an ghrian ag taitneamh.	The sun is shining.
ag cur allais	to sweat
Táim te.	I'm hot.

gaoth

gaoth	wind
Tá sé gaofar.	It's windy.
ceo	fog
Tá ceo ann.	It's foggy.

Tá sé gaofar.

Tá sé fuar.

sneachta

ceo

Tá ceo ann.

sioctha le fuacht

sioc

fear sneachta

birín seaca

Tá sé ag cur sneachta.

Tá sé fuar.	It's cold.
sioctha le fuacht	to be frozen
sioc	frost
birín seaca	icicle
sneachta	snow
fear sneachta	snowman
Tá sé ag cur sneachta.	It's snowing.
ag coscairt	thawing

ag coscairt

85

World and universe

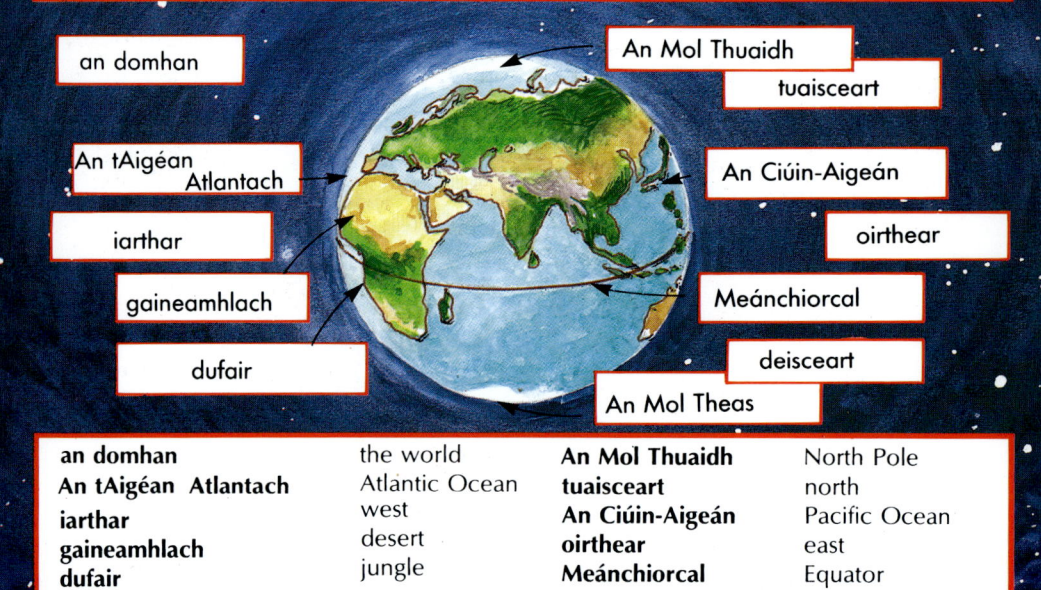

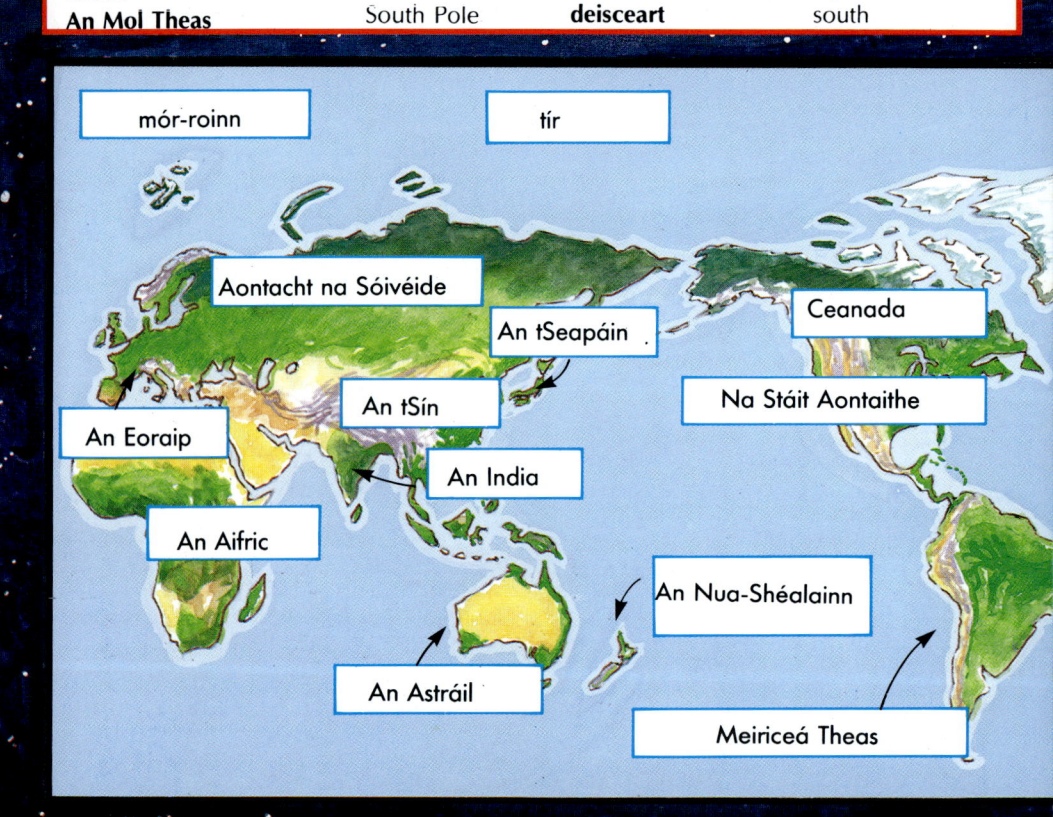

an domhan
An Mol Thuaidh
tuaisceart
An tAigéan Atlantach
An Ciúin-Aigeán
iarthar
oirthear
gaineamhlach
Meánchiorcal
dufair
deisceart
An Mol Theas

an domhan	the world	**An Mol Thuaidh**	North Pole
An tAigéan Atlantach	Atlantic Ocean	**tuaisceart**	north
iarthar	west	**An Ciúin-Aigeán**	Pacific Ocean
gaineamhlach	desert	**oirthear**	east
dufair	jungle	**Meánchiorcal**	Equator
An Mol Theas	South Pole	**deisceart**	south

mór-roinn
tír
Aontacht na Sóivéide
Ceanada
An tSeapáin
Na Stáit Aontaithe
An tSín
An Eoraip
An India
An Aifric
An Nua-Shéalainn
An Astráil
Meiriceá Theas

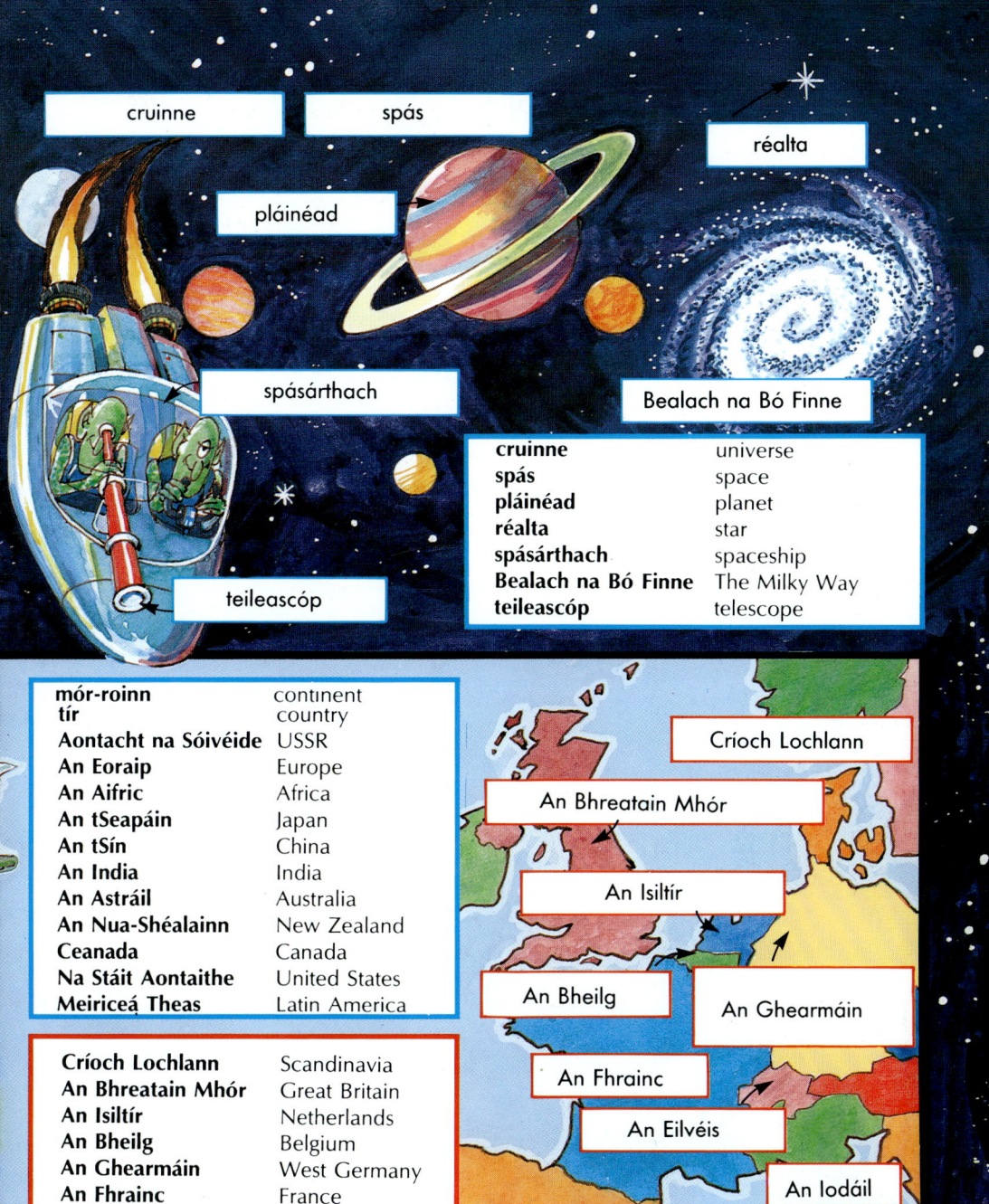

cruinne — spás — pláinéad — réalta — spásárthach — Bealach na Bó Finne — teileascóp

cruinne	universe
spás	space
pláinéad	planet
réalta	star
spásárthach	spaceship
Bealach na Bó Finne	The Milky Way
teileascóp	telescope

mór-roinn	continent
tír	country
Aontacht na Sóivéide	USSR
An Eoraip	Europe
An Aifric	Africa
An tSeapáin	Japan
An tSín	China
An India	India
An Astráil	Australia
An Nua-Shéalainn	New Zealand
Ceanada	Canada
Na Stáit Aontaithe	United States
Meiriceá Theas	Latin America

Críoch Lochlann	Scandinavia
An Bhreatain Mhór	Great Britain
An Isiltír	Netherlands
An Bheilg	Belgium
An Ghearmáin	West Germany
An Fhrainc	France
An Eilvéis	Switzerland
An Iodáil	Italy
An Spáinn	Spain

Politics

uachtarán	president
an Dáil	parliament
teachta dála	member of parliament
taoiseach	prime minister
rialtas	government

uachtarán
an Dáil
teachta dála
taoiseach
rialtas

paírtí polaitíochta
ceannaire
lucht leanúna
ball

paírtí polaitíochta	party
ceannaire	leader
lucht leanúna	followers
ball	member

toghchán
ag vótáil
eite chlé
sa lár
eite dheas
ag buachaint
ag cailliúint
dul isteach i bpáirtí
ina b(h)all de . . .

toghchán	election	sa lár	centre
ag vótáil	voting	eite dheas	right wing
ag buachaint	winning	dul isteach i bpáirtí	joining a party
ag cailliúint	losing	ina b(h)all de . . .	to belong to
eite chlé	left wing		

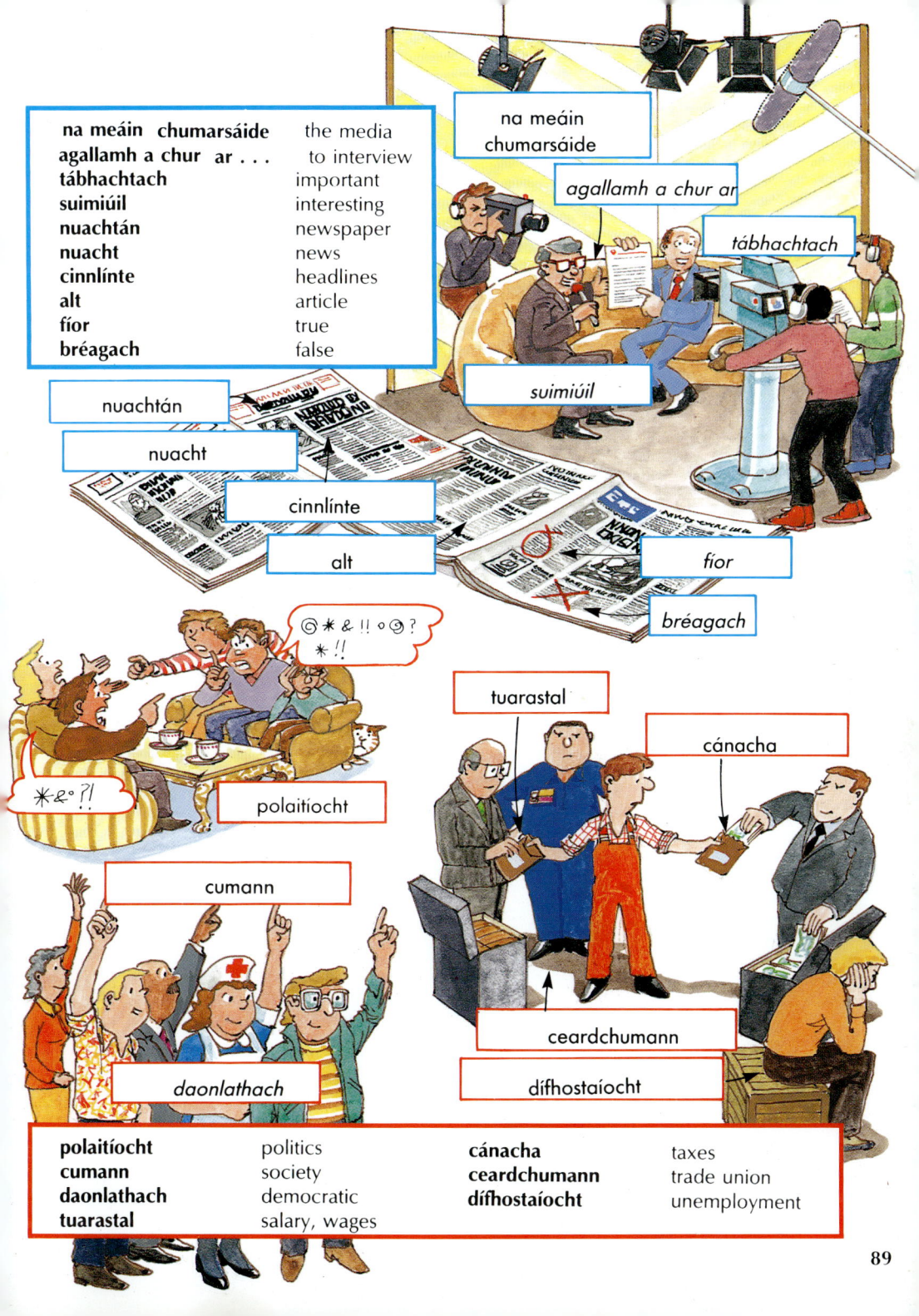

na meáin chumarsáide	the media		
agallamh a chur ar ...	to interview		
tábhachtach	important		
suimiúil	interesting		
nuachtán	newspaper		
nuacht	news		
cinnlínte	headlines		
alt	article		
fíor	true		
bréagach	false		

na meáin chumarsáide

agallamh a chur ar

tábhachtach

suimiúil

nuachtán

nuacht

cinnlínte

alt

fíor

bréagach

tuarastal

cánacha

polaitíocht

cumann

ceardchumann

daonlathach

dífhostaíocht

polaitíocht	politics	**cánacha**	taxes
cumann	society	**ceardchumann**	trade union
daonlathach	democratic	**dífhostaíocht**	unemployment
tuarastal	salary, wages		

89

Describing things

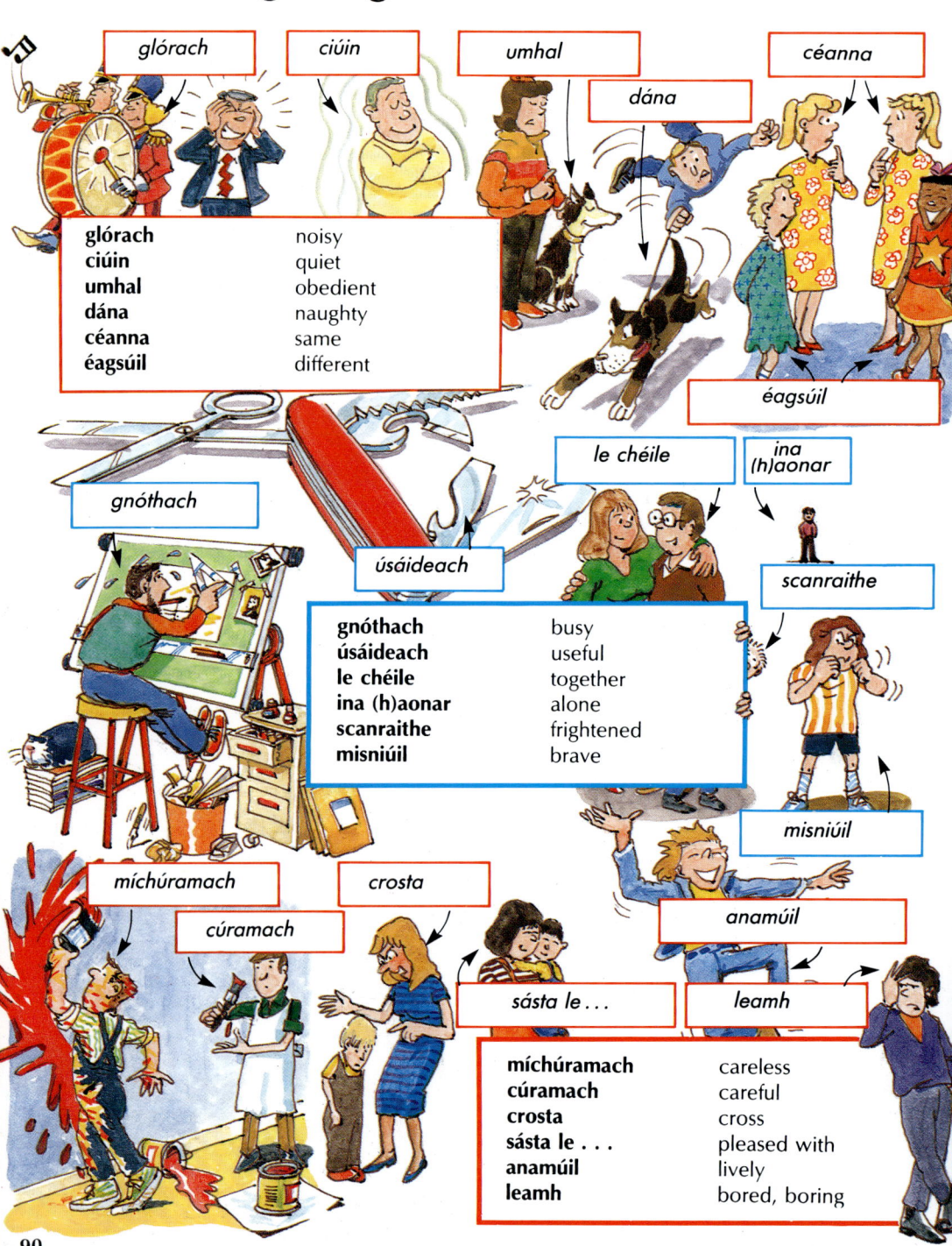

glórach	noisy
ciúin	quiet
umhal	obedient
dána	naughty
céanna	same
éagsúil	different

gnóthach	busy
úsáideach	useful
le chéile	together
ina (h)aonar	alone
scanraithe	frightened
misniúil	brave

míchúramach	careless
cúramach	careful
crosta	cross
sásta le . . .	pleased with
anamúil	lively
leamh	bored, boring

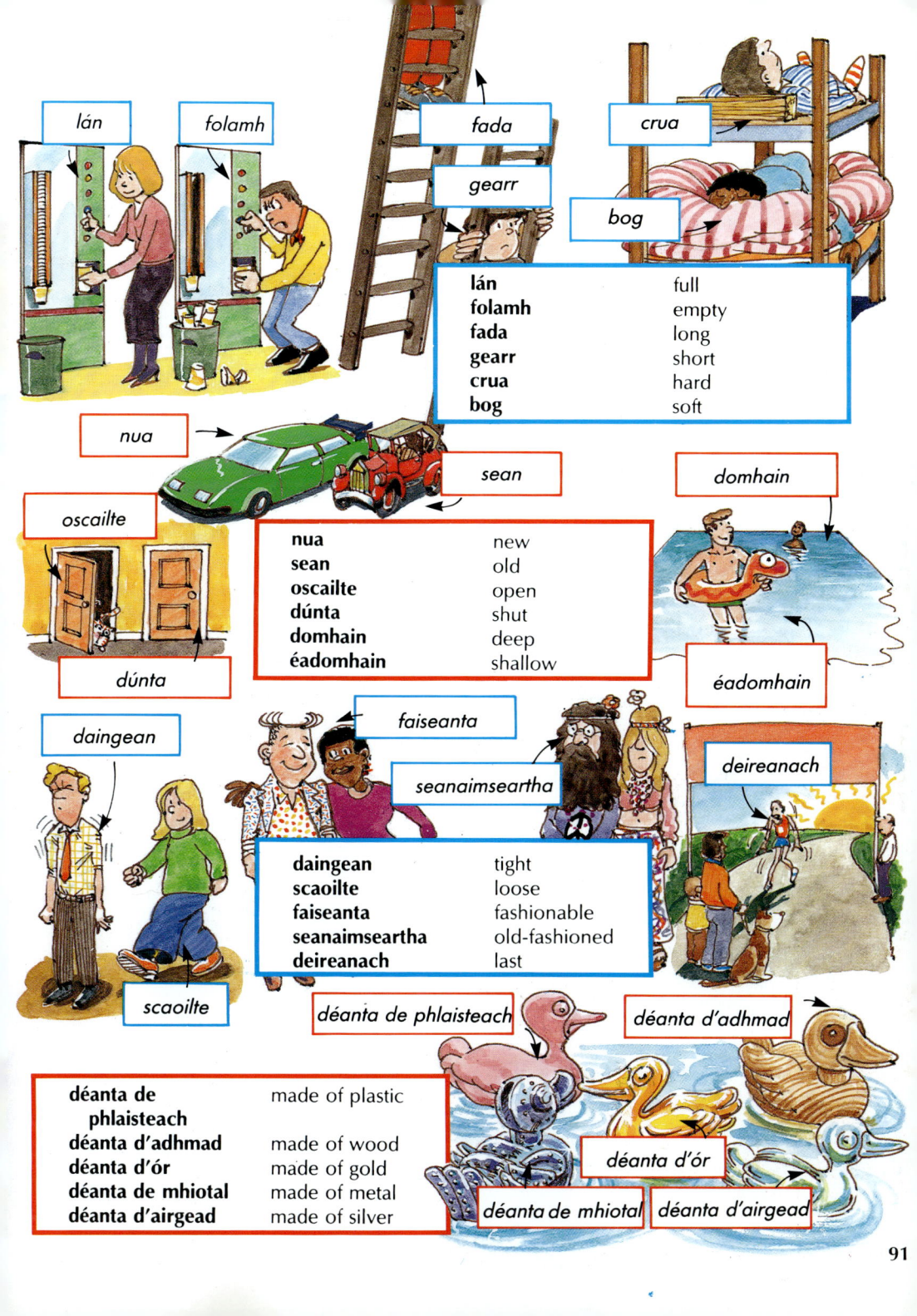

lán	full
folamh	empty
fada	long
gearr	short
crua	hard
bog	soft

nua	new
sean	old
oscailte	open
dúnta	shut
domhain	deep
éadomhain	shallow

daingean	tight
scaoilte	loose
faiseanta	fashionable
seanaimseartha	old-fashioned
deireanach	last

déanta de phlaisteach	made of plastic
déanta d'adhmad	made of wood
déanta d'ór	made of gold
déanta de mhiotal	made of metal
déanta d'airgead	made of silver

91

Colours

dath

dearg
buí
geal
gorm
bándearg
éadrom
dúghorm
bán
oráiste
corcra
dubh
dorcha
liath
uaine
neamhlonrach
bláthbhreac
donn
breac
stríocach

dath	colour	**geal**	bright
dearg	red	**oráiste**	orange
bándearg	pink	**gorm**	blue
éadrom	pale	**dúghorm**	navy blue
bán	white	**corcra**	purple
dubh	black	**dorcha**	dark
liath	grey	**uaine**	green
neamhlonrach	dull	**bláthbhreac**	flowered
donn	brown	**breac**	spotted
buí	yellow	**stríocach**	striped

In, on, under . . .

i	in	taobh thiar de . . .	behind
ar	on	i gcoinne	against
faoi	under	trí	through
thar	over	i measc	among
isteach i . . .	into	i dtreo	to, towards
as	out of	ó	away from
in aice	beside	suas	up
idir	between	síos	down
i ngar do . . .	near	ar aghaidh	opposite
i bhfad ó . . .	far away from	le	with
os comhair	in front of	gan	without

Action words

ag cogarnaíl
ag glaoch
ag cuardach
ag fanacht le...
droim a chur le balla
ag coinneáil greim ar...

ag cogarnaíl	whispering
ag glaoch	shouting
ag cuardach	looking for
ag fanacht le...	waiting for
droim a chur le balla	leaning on
ag coinneáil greim ar...	holding on to...

ag iompar
ag piocadh suas
ag titim ó...
ag cur síos

| ag iompar | carrying | ag piocadh suas | picking up |
| ag titim ó... | dropping from | ag cur síos | putting down |

lámh a leagan ar...
ag oscailt
ag dúnadh
ag doirteadh
ag líonadh
ag croitheadh
ag folmhú

lámh a leagan ar...	touching
ag oscailt	opening
ag dúnadh	closing
ag doirteadh	pouring
ag líonadh	filling
ag croitheadh	shaking
ag folmhú	emptying

94

ag stróiceadh — tearing
ag deisiú — mending
ag caitheamh — throwing
ag breith ar . . . — catching
ag iompú — knocking over
ag briseadh — breaking

ag tarraingt — pulling
ag brú — pushing
ag goid — stealing
ag sleamhnú — slipping

ag teitheadh — running away
ag leanúint — following
ag dul i bhfolach — hiding

95

Grammar hints

In order to speak Irish well, you need to learn a bit about its grammar, that is, how you put words together and make sentences. On the next few pages there are some hints on Irish grammar. Don't worry if you cannot remember them all at first. Try to learn a little grammar at a time and then practise using it.

Nouns

In Irish nouns are declined and their beginnings and/or endings may change according to gender (masculine or feminine), number (singular or plural) and case. There are 5 cases. All nouns are either masculine or feminine. When you are talking about only one thing, generally the word you use for 'the' is '**an**' before both masculine and feminine nouns, e.g.

an capall	the horse
an mhuc	the pig

Note that the first consonant '**m**' of **muc** is lenited, or softened, because the word is feminine. '**h**' indicates the change: **an mhuc** sounds something like **un vuc**.

'**t-**' is placed before a masculine noun which commences with a vowel when that noun is in either the nominative case (singular) or accusative case (singular), e.g.

D'imigh an t-éan	The bird disappeared
Bhuail sé an t-uan	He hit the lamb

Feminine nouns which commence with a vowel are unchanged in both the nominative and accusative case (singular), e.g.

Tá an áit go deas	The place is lovely
Bhris mé an ubh	I broke the egg

Nouns, with some exceptions, are divided into 5 categories. It is very useful to be familiar with these declensions as they can help you to know whether a noun is masculine or feminine. All the nouns in the First Declension are masculine, e.g.

an capall	the horse
an marcach	the rider
an t-éan	the bird

Nearly all the nouns in the Second Declension are feminine, e.g.

an bhróg	the shoe
an fheirm	the farm
an áit	the place

Note that both the '**b**' and '**f**' of **bróg** and **feirm**, respectively, are lenited. They sound like **un vróg** and **un eirm**. The other 3 declensions have a mixture of both feminine and masculine nouns, but word endings may help you to decide whether a noun is masculine or feminine, e.g. most of the words ending with **–ín** in the Fourth Declension are masculine:

an coinín	the rabbit
an caipín	the cap
an gairdín	the garden

Most of the words ending with **(e)óir** in the Third Declension are masculine, e.g.

an fiaclóir	the dentist
an bearbóir	the barber
an múinteoir	the teacher

Plurals

When you are talking about more than one thing the word for 'the' is '**na**' before both masculine and feminine nouns. '**a**' is added to some nouns in the plural, e.g.

| na bróga | the shoes |
| na muca | the pigs |

'i' is inserted before the final broad consonant in some words, e.g.

na huain	the lambs
na capaill	the horses
na héin	the birds

There are a number of other plural endings, such as **í**, **(e)anna** and **(e)acha**, e.g.

na múinteoirí	the teachers
na páirceanna	the parks
na heochracha	the keys

Cases

The beginnings and/or endings of nouns in Irish may change, especially in respect to case:

| an fear | the man |

The following sentences indicate how **fear** is declined in the singular:

Nominative Case
Tá an fear tinn — The man is sick
Accusative Case
Bhuail mé an fear — I hit the man
Genitive Case
Tá caipín an fhir caillte — The man's hat is lost
Dative Case
Bhí mé ag caint leis an bhfear — I was talking to the man
Vocative Case
a fhir! — man!

Note particularly how **fear** changes in the genitive, or possessive, case: '**ea**' changes to '**i**' and the first consonant is lenited: **an fhir** sounds something like **un ir**.

Adjectives

Adjectives are describing words. In Irish adjectives usually follow the nouns they are describing. They also change their beginnings and/or endings, depending on the gender (masculine or feminine), on the number (singular or plural) and on the case—there are 5 cases—of the nouns they are qualifying, e.g.

| mór | big |
| beag | small |

an fear mór	the big man
caipín an fhir mhóir	the big man's hat
na fir mhóra	the big men

an bhróg bheag	the small shoe
dath na bróige bige	the colour of the small shoe
na bróga beaga	the small shoes

Comparing Adjectives

To compare things, you put —

chomh . . . le	as . . . as
níos . . . ná	more . . . than
is . . .	the most

with an adjective, e.g.

| Tá an fear chomh mór le capall | The man is as big as a horse |

| Tá Seán ard | John is tall |
| Tá Máire níos airde ná Seán | Mary is taller than John |

| Is é Pádraig an duine is airde | Patrick is the tallest person |

Note how **ard** changes after **níos** and **is**. Slender 'i' is inserted before broad 'r' and 'e' is added to the ending. Just as in English, some adjectives change completely and in Irish **níos** and **is** are retained where appropriate:

97

maith	good
níos fearr	better
is fearr	best
olc	bad
níos measa	worse
is measa	worst

Pronouns

I, you, he, she, etc. are personal pronouns. You use them in place of a noun:

mé	I
tú	you
sé (é)	he
sí (í)	she
sinn	we
sibh	you (pl.)
siad	they

The pronouns are very often used with verbs, e.g.

ghlan mé	I cleaned
bhuail sí	she hit
bhris siad	they broke

Prepositions

In Irish, prepositions come either directly before a noun or before **an** (the) followed by a noun, e.g.

ar chapall	on a horse
ar an gcapall	on the horse

Note the eclipsis: **gcapall**, which sounds like **GOPul**.

le casúr	with a hammer
leis an gcasúr	with the hammer

Note the eclipsis: **gcasúr**, which sounds like **GOSoor**.

Here is a list of very useful prepositions:

ag	at
ar	on
de	off, from
do	to, for
faoi	under
i	in
idir	between
ó	from
roimh	before
thar	over
trí	through

Prepositional Pronouns

These pronouns are made up of a preposition and a personal pronoun, e.g.

ar + mé → orm		on me
do + mé → dom		to me, for me
le + mé → liom		with me

Chuir mé mo chóta orm	I put on my coat
Thug sé leabhair dom	He gave me a book
Is maith liom	I like

Prepositional pronouns have 1st, 2nd and 3rd person singular and plural, e.g.

dom	to me
duit	to you
dó	to him
di	to her
dúinn	to us
daoibh	to you (pl.)
dóibh	to them
liom	with me
leat	with you
leis	with him
léi	with her
linn	with us
libh	with you (pl.)
leo	with them

orm	on me
ort	on you
air	on him
uirthi	on her
orainn	on us
oraibh	on you (pl.)
orthu	on them

Possessive Adjectives

my, your, his, her, etc. are translated into Irish with the following:

mo	my
do	your
a	his/her
ár	our
bhur	your (pl.)
a	their

mo, **do**, **a** (his) lenite the first consonant of the following word, where possible:

mo p<u>h</u>óca	my pocket
do p<u>h</u>óca	your pocket
a p<u>h</u>óca	his pocket

p<u>h</u>óca sounds something like **FÓca**.

a (her) does not lenite the first consonant of the following word, e.g.

a póca	her pocket

ár, **bhur**, **a** (their) take an eclipsis:

ár <u>b</u>pócaí	our pockets
bhur <u>b</u>pócaí	your pockets
a <u>b</u>pócaí	their pockets

bpócaí sounds something like **BÓcee** — 'b' is the eclipsis.

Verbs

Irish verbs (action words) can be divided into 3 main groupings:

— 1st Conjugation Verbs
— 2nd Conjugation Verbs
— Irregular Verbs

1st Conjugation Verbs

Most of these verbs have one-syllable roots, e.g.

glan	clean
bris	break

–(e)ann is added to give the Present Tense in all persons, except 1st person singular and 1st person plural where the pronouns are incorporated into the endings of the verb, e.g.

glan

glana<u>im</u>	I clean
glanann tú	you clean
glanann sé	he cleans
glanann sí	she cleans
glana<u>imid</u>	we clean
glanann sibh	you clean
glanann siad	they clean

bris

bris<u>im</u>	I break
briseann tú	you break
briseann sé	he breaks
briseann sí	she breaks
bris<u>imid</u>	we break
briseann sibh	you break
briseann siad	they break

You use the Past Tense for events which have already happened. If the first letter of the verb is a consonant, that consonant is lenited where possible. The lenition is shown by '**h**', e.g.

glan

ghlan mé	I cleaned
ghlan tú	you cleaned
ghlan sé	he cleaned
ghlan sí	she cleaned
ghlanamar	we cleaned
ghlan sibh	you cleaned
ghlan siad	they cleaned

bris

bhris mé	I broke
bhris tú	you broke
bhris sé	he broke
bhris sí	she broke
bhriseamar	we broke
bhris sibh	you broke
bhris siad	they broke

If the first letter of the verb is a vowel **d'** is placed before the verb:

ól drink

d'ól mé	I drank
d'ól tú	you drank
d'ól sé	he drank
d'ól sí	she drank
d'ólamar	we drank
d'ól sibh	you drank
d'ól siad	they drank

The Future Tense is used for things you are going to do. –**f(a)idh** is added to the root, e.g.

bris

brisfidh mé	I shall break
brisfidh tú	you will break
brisfidh sé	he will break
brisfidh sí	she will break
brisfimid	we shall break
brisfidh sibh	you will break
brisfidh siad	they will break

2nd Conjugation Verbs

These verbs have more than one syllable in their roots, e.g.

ceannaigh	buy
éirigh	get up

They have **(a)íonn** in their endings in the Present Tense, except for the 1st person singular and plural which have –**(a)ím** and –**(a)ímid** incorporating the pronouns:

ceannaigh

ceannaím	I buy
ceannaíonn tú	you buy
ceannaíonn sé	he buys
ceannaíonn sí	she buys
ceannaímid	we buy
ceannaíonn sibh	you buy
ceannaíonn siad	they buy

éirigh

éirím	I get up
éiríonn tú	you get up
éiríonn sé	he gets up
éiríonn sí	she gets up
éirímid	we get up
éiríonn sibh	you get up
éiríonn siad	they get up

In the Past Tense, if the first letter of the verb is a consonant, that consonant is lenited where possible, e.g.

ceannaigh	
cheannaigh mé	I bought
cheannaigh tú	you bought
cheannaigh sé	he bought
cheannaigh sí	she bought
cheannaíomar	we bought
cheannaigh sibh	you bought
cheannaigh siad	they bought

If the first letter is a vowel **d'** is placed before the verb, e.g.

éirigh	
d'éirigh mé	I got up
d'éirigh tú	you got up
d'éirigh sé	he got up
d'éirigh sí	she got up
d'éiríomar	we got up
d'éirigh sibh	you got up
d'éirigh siad	they got up

The Future Tense ending for 2nd Conjugation Verbs is —**eoidh** and —**óidh**, e.g.

ceannaigh	
ceann**óidh** mé	I shall buy
ceann**óidh** tú	you will buy
ceann**óidh** sé	he will buy
ceann**óidh** sí	she will buy
ceann**ó**imid	we shall buy
ceann**óidh** sibh	you will buy
ceann**óidh** siad	they will buy

éirigh	
éir**eoidh** mé	I shall get up
éir**eoidh** tú	you will get up
éir**eoidh** sé	he will get up
éir**eoidh** sí	she will get up
éir**eo**imid	we shall get up
éir**eoidh** sibh	you will get up
éir**eoidh** siad	they will get up

Irregular Verbs

In Irish there are a number of irregular verbs and they are used very frequently. All of them need to be learned separately as their roots may change from tense to tense.

abair	say
deir sé	he says
dúirt sé	he said
déarfaidh sé	he will say

beir	catch
beireann sé	he catches
rug sé	he caught
béarfaidh sé	he will catch

bí	be
tá sé	he is
bhí sé	he was
beidh sé	he will be

clois	hear, listen
cloiseann sé	he hears
chuala sé	he heard
cloisfidh sé	he will hear

déan	do
déanann sé	he does
rinne sé	he did
déanfaidh sé	he will do

faigh	get
faigheann sé	he gets
fuair sé	he got
gheobhaidh sé	he will get

gheobhaidh sounds something like **yeoig**

feic	see
feiceann sé	he sees
chonaic sé	he saw
feicfidh sé	he will see
ith	eat
itheann sé	he eats
d'ith sé	he ate
íosfaidh sé	he will eat
tabhair	give
tugann sé	he gives
thug sé	he gave
tabharfaidh sé	he will give
tar	come
tagann sé	he comes
tháinig sé	he came
tiocfaidh sé	he will come
téigh	go
téann sé	he goes
chuaigh sé	he went
rachaidh sé	he will go

The Copula

The verb '**is**' is frequently used in Irish, e.g.

Is cailín í	She is a girl
Is í Síle an cailín is óige	It is Sheila who is the youngest girl

'**ba**' is used in the Past Tense, e.g.

Ba mhúinteoir í	She was a teacher
Ba é Pádraig a bhris an fhuinneog	It was Patrick who broke the window

Verbal Nouns

Verbal nouns are derived from verbs and are used very often in Irish with '**ag**', e.g.

Táim ag glanadh an tí	I am cleaning the house
Tá sí ag briseadh na fuinneoige	She is breaking the window
Tá tú ag bailiú airgid	You are collecting money
Tá Seán ag scríobh	John is writing

Verbal Adjectives

These are adjectives derived from verbs, e.g.

dún → dúnta	closed
déan → déanta	done
ith → ite	eaten

Tá an doras dúnta	The door is closed
Tá an obair déanta	The work is done
Tá an milseán ite aige	He has eaten the sweet

Negatives

To make a negative in Irish you put '**ní**' or '**níor**' before the verb – **ní** for Present and Future Tenses, **níor** for the Past Tense, e.g.

Ní chuireann sé	He does not put
Ní chuirfidh sé	He will not put
Níor chuir sé	He did not put

Note: '**ní**' and '**níor**' lenite the following consonant where possible. '**ní**' is also used in the Past Tense before some irregular verbs, e.g.

Ní fhaca sé	He did not see
Ní raibh sé	He was not

Questions

We can ask questions by placing '**an**' or '**ar**' before the verb. '**an**' is used with the Present and Future Tenses and '**ar**' is used with the Past Tense, e.g.

An dtagann tú anseo go minic?	Do you come here often?
An dtiocfaidh tú anseo amárach?	Will you come here tomorrow?

Note the eclipsis '**d**' before '**t**' in both tenses.

<u>d</u>**tagann** sounds something like **DOGon**.

Ar tháinig tú anseo inné?	Did you come here yesterday?

Here are some important words you will need when asking questions:

Cá?	Where?
Cá bhfuil tú?	Where are you?
Cathain?	When?
Cathain a tháinig tú anseo?	When did you come here?
Cé mhéad?	How much?
Cé mhéad atá air?	How much does it cost?
Céard (cad)?	What?
Céard (cad) a rinne tú?	What did you do?
Cén fáth?	Why?
Cén fáth ar tháinig tú anseo?	Why did you come here?
Conas?	How?
Conas tá tú?	How are you?

English-Irish word list

A

accelerating	ag luasghéarú
actor	aisteoir (m)
actress	ban-aisteoir (m)
adding	ag suimiú
address	seoladh (m)
advertisement	fógra (m)
aeroplane	eitleán (m)
Africa	An Aifric (f)
against	i gcoinne
age	aois (f)
I agree	aontaím
air hostess	aeróstach (m)
air steward	stiobhard (m) eitleáin
airline ticket	ticéad (m) aerlíne
airmail	aerphost (m)
airport	aerphort (m)
aisle	pasáiste (m)
alarm clock	clog (m) aláraim
alone	ina (h)aonar
alphabet	aibítir (f)
ambulance	otharcharr (m)
among	i measc
anchor	ancaire (m)
and	agus
animal	ainmhí (m)
ankle	murnán
answer the telephone, to	glaoch a fhreagairt
answering	ag freagairt
apple	úll (m)
apple tree	crann (m) úll
apricot	aibreog (f)
April	Aibreán (m)
architect	ailtire (m)
area code	códuimhir (f)
arm	géag (f)
armchair	cathaoir (f) uilleann
Arrivals	Halla (m) Teachta
art gallery	dánlann (f)
article (in a newspaper)	alt (m)
asking	ag fiafraí
asking a question	ag cur ceiste
asking the way	ag fiafraí eolas an bhealaigh
asleep	ina c(h)odladh
falling asleep	ag titim ina c(h)odladh
at the seaside	cois trá
athletics	lúthchleasaíocht
Atlantic Ocean	An tAigéan (m) Atlantach
attic	áiléar (m)
audience	lucht (m) féachana
August	Lúnasa (m)
aunt	aintín (f)
Australia	An Astráil (f)
autumn	fómhar (m)
awake	ina d(h)úiseacht
away from	ó

B

baby	leanbh (m), naíonán (m)
new-born babe	naíonán (m) nuabheirthe
back	droim (m)
backstroke	snámh (m) droma
backwards	ar gcúl
bait	baoite (m)
baker's shop	siopa (m) báicéara
balcony	balcóin (f)
bald	maol
to be bald	a bheith maol
ball	liathróid (f)
ballet	bailé (m)
ballet dancer	rinceoir (m) bailé
balloon	balún (m)
banana	banana (m)
bandage	bindealán (m)
bank	banc (m)
bank manager	bainisteoir (m) bainc
bank (river)	bruach (m)
barefoot	cosnochta
bargain, a	margadh (m)
barking	ag tafann
barn	scioból (m)
barrier	geata (m) na dticéad
basement	urlár (m) faoi thalamh
basket	ciseán (m)
bath	folcadán (m)
having a bath	ag glacadh folcaidh
running the bath	ag lionadh an fholcadáin
bathmat	mata folcadáin
bathrobe	fallaing (f) fholctha
bathroom	seomra (m) folctha
be, to	a bheith
to be born	ag teacht ar an saol
to be called, named	... atá air (uirthi)
to be fit	a bheith folláin
to be fond of	a bheith ceanúil ar ...
to be frozen	sioctha le fuacht
to be happy	a bheith sona
to be hungry	a bheith ocrach
to be late	a bheith déanach
to be in/on time	a bheith in am
to be seasick	tinneas (m) farraige a bheith ar ...
to be sick	a bheith tinn
to be sleepy	a bheith codlatach
to be thirsty	a bheith tartmhar
beach	trá (f)
beak	gob (m)

beans	pónairí (f)
beard	féasóg (f)
to have a beard	féasóg a bheith ar ...
beautiful	álainn
bed	leapa (f)
going to bed	ag dul a luí
bedroom	seomra (m) leapa
bedside table	taisceadán
bedspread	scaraoid (f) leapa
bedtime	am (m) codlata
bee	beach (f)
beer	beoir (f)
behind	taobh (m) thiar
Belgium	An Bheilg (f)
bell	clog (m)
doorbell	cloigín (m) dorais
belonging to	is le ...
belt	crios (m)
safety/seat belt	crios sábhála
bench	binse (m)
beside	in aice
better	níos fearr
between	idir
Beware of the Dog!	Fainic thú féin ar an mhadra!
bicycle	rothar (m)
big	mór
bill	bille (m)
bin	bosca (m) broscair
biology	bitheolaíocht (f)
bird	éan (m)
birth	breith (f)
birthday	lá (m) breithe
Happy birthday!	Breithlá (m) sona
birthday card	cárta (m) breithlae
biscuit	briosca (m)
bitter	searbh
black	dubh
blackbird	lon (m) dubh
blackboard	clár (m) dubh
block of flats	bloc (m) arasán
blond, fair	fionn
blond hair	gruaig (f) fhionn
blouse	blús (m)
blue	gorm
board game	cluiche (m) boird
boarding (a ship/plane)	dul ar bord
boarding (a bus/train)	ag dul ar ...
boarding house	teach (m) lóistín
boat	bád (m)
to travel by boat	ag taisteal i mbád
body	corp (m)
bonnet (of car)	boinéad (m)
book	leabhar (m)
picture book	leabhar pictiúr
booked up, fully booked	seomraí uile in áirithe
bookshop	siopa (m) leabhar
book shop and stationer's	siopa leabhar agus páipéar
boot (of car)	cófra (m) bagáiste
boots	buataisí (f)
wellington boots	buataisí (f) rubair
boring	leamh
boss	maor (m)
bottle	buidéal (m)
bouquet	crobhaing (f)
boutique	siopa éadaí
bowl	babhla (m)
box office	oifig (f) ticéad
boy	buachaill (m)
bra	cíochbheart (m)
bracelet	bráisléad (m)
branch	géag (f)
brave	misniúil
Bravo!	Mo cheol thú!
bread	arán (m)
break	bris
to break your leg	do chos a bhriseadh
break (at school/work)	sos (m)
breakdown, a	cliseadh (m)
breaking	ag briseadh
breakfast	bricfeasta (m)
breaststroke	bang (m) brollaigh
bride	brídeach (f)
bridegroom	fear (m) nuaphósta
bridge	droichead (m)
bright	geal
bring	beir
bringing up	ag togáil
broad	leathan
brooch	bróiste (m)
brother	dearthair (m)
brown	donn
brown hair	gruaig (f) dhonn
bruise	brú (m) craicinn
brush	scuab (f)
toothbrush	scuab fiacal
brushing your hair	ag scuabadh do chuid gruaige
Brussels sprout	baclóg (f) Bhruiséile
bucket	buicéad (m)
buffet car	cóiste (m) bia
builder	tógálaí (m)
building	foirgneamh (m)
bulb (plant)	bleibín (m)
bunch of flowers	coróg (f) bhláthanna
burn	dó (m)
bursting out laughing	ag scairteadh gáire
bus	bus (m)
bus stop	stad (m) bus
bush	tor (m)
busy	gnóthach
bustling	fuadrach
butcher's shop, the	siopa an bhúistéara

butter	im (m)
buttercup	cam (m) an ime
butterfly	féileacán (m)
button	cnaipe (m)
buying	ag ceannach
by return of post	le casadh an phoist

C

cabbage	cabáiste (m)
cabin	cabán (m)
cage	cás (m)
cake	císte (m)
cake shop	siopa cístí
calculating	ag ríomhaireacht
calculator	áireamhán (m)
calendar	féilire (m)
calf	lao (m)
camel	camall (m)
camera	ceamara (m)
camping	campáil
to go camping	ag dul ag campáil
campsite	láthair (f) campála
Can I help you?	An féidir liom cabhrú leat?
Canada	Ceanada (f)
canary	canáraí (m)
candle	coinneal (f)
canoe	curachán (m)
cap	caipín (m)
capital letter	ceannlitir (f)
capsizing	ag iompú béal faoi
captain	captaen (m)
car	carr (m)
car park	carrchlós (m)
caravan	carbhán (m)
card	cárta (m)
credit card	cárta creidmheasa
playing cards	ag imirt cártaí
postcard	cárta poist
cardigan	cairdeagan (m)
careful	aireach
careless	míchúramach
caretaker	airíoch (m)
cargo	lasta (m)
carpet	cairpéad (m)
carriage	carráiste (m)
carrier-bag	mála (m)
carrot	cairéad (m)
carrying	ag iompar
cashier	airgeadóir (m)
cassette	caiséad (m)
cassette recorder	taifeadán caiséid
casualty department	roinn (f) taismigh
cat	cat (m)
catching	ag breith ar ...
catching a fish	ag breith ar iasc
catching a train	ag breith ar thraein
cathedral	ardeaglais (f)
cauliflower	cóilís (f)
celebrating	ag ceiliúradh
cellar	urlár faoi thalamh
cello	dordveidhil (f)
playing the cello	ag seinm an dordveidhil
cemetery	reilig (f)
centimetre	ceintiméadar (m)
centre (politics)	lár (m)
chair	cathaoir (f)
chairlift	cathaoir iompair
chalk	cailc (f)
change (in money)	briseadh (m)
Have you any small change?	An bhfuil briseadh agat?
changing money	ag malartú airgid
channel (TV and radio)	bealach (m)
chasing	ag dul sa tóir ar
chatting	ag déanamh comhrá
check-in	deasc (m) cláraithe
cheek	leiceann (m)
cheerful	croíúil
cheese	cáis (f)
checkout	deasc airgid
chemist	poitigéir (m)
chemist shop	siopa poitigéara
chemistry	ceimic (f)
cheque	seic (m)
to write a cheque	seic a scríobh
cheque-book	seicleabhar (m)
cherry	silín (m)
chess	ficheall (f)
playing chess	ag imirt fichille
chest	cliabh (m)
chick peas	piseánaigh (m)
chicken	sicín (m)
child	páiste (m)
childhood	óige (f)
chimney	simléar (m)
chin	smig (f)
China	An tSín (f)
chocolate	seacláid (f)
choir	cór (m)
Christmas	Nollaig (f)
Happy Christmas	Nollaig Shona
Christmas carol	carúl (m) Nollag
Christmas Day	Lá (m) Nollag
Christmas Eve	Oíche (f) Nollag
Christmas tree	crann (m) Nollag
chrysanthemum	criosantamam (m)
church	séipéal (m)
cinema	pictiúrlann (f)
a visit to the cinema	cuairt (f) ar an phictiúrlann

circle	ciorcal (m)
city	cathair (f)
clapping	ag bualadh bos
classroom	seomra ranga
claw	crúb (f)
clean	glan
cleaning	ag glanadh
cleaning your teeth	ag ní d'fhiacla
climate	aeráid (f)
climber	dreapadóir (m)
climbing	ag dreapadh
climbing a mountain	ag sléibhteoireacht
climbing a tree	ag dreapadh crainn
cloakroom	seomra cótaí
clock	clog (m)
alarm clock	clog aláraim
closing	ag dúnadh
clothes	éadaí (m)
clothes' line	líne (f) éadaigh
clothes' peg	pionna (m) éadaigh
cloud	scamall (m)
coach	cóiste (m)
coat	cóta (m)
cock	coileach (m)
cod	trosc (m)
coffee-pot	caiféphota (m)
coin	píosa (m) airgid
cold	fuar
It's cold.	Tá sé fuar.
to have a cold	slaghdán a bheith ar ...
cold water	uisce (m) fuar
collecting	ag bailiú
collecting stamps	ag bailiú stampaí
collection	bailiúchán (m)
collection time (post)	am bailithe
collision	iombhualadh (m)
colour	dath (m)
comb	cíor (f)
combing your hair	ag cíoradh do chuid ghruaige
comic (book)	leabhar grinn
complexion	craiceann (m)
computer	ríomhaire (m)
conductor (of orchestra)	stiúrthóir (m)
cone	cón (m)
congratulating	ag déanamh comhghairdis
continent	mór-roinn (f)
cooking	ag cócaireacht
corner	cúinne (m)
cost	costas (m)
It costs ...	Cosnaíonn sé ...
cot	cliabhán (m)
cottage	teachín (m)
cotton	cadás (m)
made of cotton	déanta de chadás
counter	cuntar (m)
country	tír (f)
countryside	taobh tíre
course	cúrsa (m)
cousin	col ceathar (m)
cow	bó (f)
cowshed	bótheach (m)
crab	portán (m)
crawl (swimming)	crágshnámh (m)
crayon	crián (m)
cream	uachtar (m)
credit card	cárta creidmheasa
crew	criú (m)
cross, angry	crosta
crossing (sea)	turas (m) trasna
crossing the street	ag trasnú na sráide
crowd	slua (f)
crying	ag gol
cup	cupán (m)
cupboard	cófra (m)
curing	leigheas (m)
curly	catach
curly hair	gruaig (f) chatach
curtain	cuirtín (m)
customer	custaiméir (m)
customs	custam (m)
customs' officer	oifigeach (m) custaim
cut, wound	gearradh (m)
cycling	ag rothaíocht

D

daffodil	lus (m) an chromchinn
daisy	nóinín (m)
dance	rince (m)
dance floor	urlár (m) rince
dancing	ag rince
dark (colour)	dorcha
dark (complexion)	dúchraicneach
It is dark.	Tá sé dorcha.
It is getting dark.	Tá sé ag éirí dorcha.
date	dáta (m)
daughter	iníon (f)
only daughter	iníon aonair
dawn	breacadh (m) an lae
day	lá (m)
the day after tomorrow	an lá arú amárach
the day before yesterday	an lá arú inné
Dear ...	A ...
Dear Sir/Madam,	A chara,
death	bás (m)
December	mí (f) na Nollag
deck	deic (f)
deep	domhain
delicatessen	delicatessen

delicious	blasta
delivering	ag seachadadh
democratic	daonlathach
dentist	fiaclóir (m)
department (in shop)	roinn (f)
department store	siopa ilranna
Departures	Halla (m) Imeachta
desert	gaineamhlach (m)
designer	dearthóir (m)
dessert, pudding	milseog (f)
dialing	ag diailiú
die, to	bás a fháil
different	éagsúil
difficult	deacair
digging	ag rómhar
dining room	seomra (m) bia
dirty	salach
disc jockey	ceirneoir (m)
district	ceantar (m)
dividing	ag roinnt
divided by (maths)	roinnte ar
diving	ag tumadh
diving board	clár (m) tumtha
doing	ag déanamh
docks	dugaí (m)
doctor	dochtúir (m)
dog	madra (m)
donkey	asal (m)
door	doras (m)
front door	doras tosaigh
doorbell	cloigín (m) dorais
doormat	mata (m) tairsí
double room	seomra (m) beirte
doughnut	taoschnó (m)
down	síos
downstairs	thíos staighre
going downstairs	ag sul síos an staighre
dragonfly	snáthaid (f) mhór
draughts (game)	táiplis (f)
playing draughts	ag imirt táiplise
dream	brionglóid (f)
dress	gúna (f)
dressing	ag gléasadh
dressing gown	fallaing (f) sheomra
drinking	ag ól
driver	tiománaí (m)
driving	ag tiomáint
dropping from	ag titim ó ...
drum	druma (m)
playing the drums	ag bualadh na ndrumaí
drying	ag triomú
drying your hair	ag triomú do chuid gruaige
duck	lacha (f)
dull	neamhlonrach
dungarees	dungaraí (m)
dustman	fear (m) bruscair
duty-free shop	siopa saor ó dhleacht
duvet	cuilt (f)

E

eagle	iolar (m)
ear	cluas (f)
earrings	fáinní (m) cluaise
east	oirthear (m)
Easter	Cáisc (f)
eating	ag ithe
to have eaten well	tar éis béile (m) maith a ithe
egg	ubh (f)
eight	ocht
8 in the morning, 8 a.m.	a hocht a chlog ar maidin
8 in the evening, 8 p.m.	a hocht a chlog um thráthnóna
eighteen	ocht déag
eighty	ochtó
elastic	leaisteach (f)
elbow	uillinn (f)
election	toghchán (m)
electricity	leictreachas (m)
elephant	eilifint (f)
eleven	aon déag (f)
emergency, catastrophe	éigeandáil (f)
employee	fostaí (m)
employ someone, to	duine (m) a fhostú
empty	folamh
emptying	ag folmhú
engagement	geallúint (f) pósta
engine (train)	inneall (m)
English (language, subject)	Béarla (m)
Enjoy your meal!	Bain taitneamh as do bhéile!
enjoying	ag baint taitnimh as ...
enormous	ollmhór
entrance	bealach (m) isteach
No Entry (road sign)	Ná Téitear Isteach
envelope	clúdach (m) litreach
Equator	Meánchiorcal (m)
escalator	staighre (m) beo
Europe	An Eoraip
evening	tráthnóna
this evening	tráthnóna inniu
8 in the evening, 8 p.m.	a hocht a chlog um thráthnóna
exam	scrúdú (m)
fail (in an exam)	teip (f)
pass (in an exam)	pas (m)
sitting an exam	ag dul faoi scrúdú
exchange rate	ráta (m) malairte
exercise book	cóipleabhar (m)
exercising	ag aclaíocht
exhibition	taispeántas (m)
exit	bealach (m) amach
expensive	daor
It's expensive.	Tá sé daor.
eye	súil (f)

F

fabric	éadach (m)
face	aghaidh (f)
factory	monarcha (f)
fail (an exam)	teip (f)
fainting	ag titim i laige
fair hair	gruaig (f) fhionn
falling asleep	at titim ina c(h)odladh
false	bréagach
family	clann (f)
famous	cáiliúil
far away from	i bhfad ó
going far away from	ag dul i bhfad ó
fare	táille (f)
farm	feirm (f)
farmer	feirmeoir (m)
farmhouse	teach (m) feirme
farmyard	clós (m) feirme
fashionable	faiseanta
fast	tapaidh
Fasten your seat belts!	Greamaigí bhur gcriosanna!
fat	ramhar
father	athair (m)
feather	cleite (m)
February	Feabhra (f)
feeding	ag cothú
feel	mothú
to feel better	biseach a bheith ar ...
feeling	ag mothú
feeling sick	ag mothú tinn
feeling well	a bheith ar fónamh
ferry	bád (m) farantóireachta
fetching	ag fáil
field	páirc (f)
fifteen	cúig déag
fifth, the	an cúigiú
fifty	caoga
filling	ag líonadh
filling up with petrol	ag líonadh le peitreal (m)
filling (a tooth)	líonadh (m) i bhfiacail
film (for camera/cinema)	scannán (m)
fine	go breá
It's fine.	Tá sé go breá.
finger	méar (f)
fir tree	crann (m) giúise
fire	tine (f)
fire (emergency)	dóiteán (m)
fire engine	inneal (m) dóiteáin
fireman	fear (m) dóiteáin
fireplace	teallach (m)
fire station	stáisiún (m) dóiteáin
firing someone	ag briseadh duine as a p(h)ost
first, the	an chéad
first class	den chéad ghrád
first floor	an chéad urlár
first name	ainm (m) baiste
fish	iasc (m)
fishing	ag iascaireacht
going fishing	ag dul ag iascaireacht
fishing boat	bád (m) iascaigh
fishmonger	ceannaí (m) éisc
fitness	folláine (f) coirp
fitted carpet	cairpéad (m)
five	cúig
five past 10	cúig tar éis a deich
flag	brat (m)
flannel	flainín (m)
flat	árasán (m)
block of flats	bloc (m) árasán
flat tyre, a	bonn (m) ligthe
flavour, taste	blas (m)
floating	ar snámh
flock	tréad (m)
flood	tuile (f)
floor	urlár (m)
ground floor	urlár talún
second floor	an dara hurlár
florist	bláthadóir (m)
flour	plúr (m)
flower	bláth (m)
a bunch of flowers	crobhaing (f)
flowerbed	bláthcheapach
flowered (pattern)	bláthbhreac
fly	cuileog (f)
flying	ag eitilt
fog	ceo (m)
It's foggy.	Tá sé ceomhar.
followers,	lucht (m) leanúna
following	ag leanúint
fond of, to be	a bheith ceanúil ar
foot	cos (f)
foot (measure)	troigh (f)
football (ball)	liathróid (f)
playing football	ag imirt peile
forget-me-not	lus (m) míonla
fork (eating)	forc (m)
fork (for gardening)	forc gairdín
form	foirm (f)
forty	daichead
forwards	chun tosaigh
foundation cream	bunungadh (m)
four	ceathair
fourth, the	an ceathrú
fourteen	ceathair déag
fox	sionnach (m)
fraction	codán (m)
France	An Fhrainc (f)
freckles	bricneach (f)
French (language subject)	Fraincis (f)

109

fresh	úr	girl	cailín (m)
Friday	An Aoine (f)	giving	ag tabhairt
fridge	cuisneoir (m)	giving a present	ag tabhairt bronntanais (m)
friend	cara (m)		
friendly	cairdiúil	glass	gloine (f)
frightened	scanraithe	glasses, spectacles	spéaclaí
fringe	frainse (m)	sunglasses	spéaclaí gréine
frog	frog (m)	wearing glasses	ag caitheamh spéaclaí
front door	doras tosaigh	gloves	lámhainní (f)
frost	sioc (m)	goal	cúl (m)
frown	grainc (f)	goalkeeper	cúl báire
frozen	reoite	goat	gabhar (m)
frozen food	earraí (m) reoite	going	ag dul
fruit	torthaí (m)	going downstairs	ag dul síos an staighre
fruit juice	sú (m) torthaí	going fishing	ag dul ag iascaireacht
full	lán	going for a walk	ag dul ag siúl
full stop	lánstad	going mountaineering	ag dul ag sléibhteoireacht
fully booked, rooms	seomraí uile in áirithe		
fun, having	ag déanamh spraoi	going on holiday	ag dul ar saoire
funeral	sochraid (f)	going on the bus	ag dul ar an mbus
funnel (of ship)	simléar (m) loinge	going to bed	ag dul a luí
funny	greannmhar	going to the cinema	ag dul go dtí an phictiúrlann
fur	fionnadh (m)		
furniture	troscán (m)	going to work	ag dul ag obair
future	todhchaí (f)	going upstairs	ag dul suas an staighre
in the future	san am atá le teacht	going window shopping	ag dul ag féachaint isteach sna fuinneoga

G

		gold	ór (m)
		made of gold	déanta d'ór
Galaxy, The	Bealach (m) na Bó Finne	goldfish	iasc (m) órga
		golf	galf (m)
gallery, art	dánlann (f)	golf club	cumann (m) gailf
game	cluiche (m)	playing golf	ag imirt gailf
gangway	clord (m)	good	maith
garage	garáiste (m)	It's good value.	Is fiú go maith é.
garden	gairdín (m)	It tastes good.	Tá sé blasta.
gardener	garraíodóir (m)	Good luck!	Ádh mór ort!
gardening	ag garraíodóireacht	Good morning.	Dia duit ar maidin.
garden shed	both (f) ghairdín	Goodbye.	Slán leat.
garlic	gairleog (f)	Good-night.	Oíche (m) mhaith
gas	gás (m)	goods train	traein (f) earraí
gate	geata (m)	goose	gé (f)
gathering speed	ag luasghéarú	gorilla	goraille (m)
geography	tíreolaíocht (f)	government	rialtas (m)
geranium	geiréiniam (m)	grammar	gramadach (f)
German (language/subject)	Gearmáinis (f)	granddaughter	gariníon (f)
		grandfather	seanathair (m)
Germany	An Ghearmáin (f)	grandmother	seanmháthair (f)
getting	ag fáil	grandson	garmhac (m)
getting dressed	ag gléasadh	grape	caor (f) fhíniúna
getting married	ag pósadh	grass	féar (m)
getting off (a train/bus)	ag tuirlingt de	Great Britain	An Bhreatain Mhór (f)
getting on	ag dul ar	green	uaine
getting undressed	ag baint a c(h)uid éadaí de (di)	greenhouse	teach (m) gloine
		grey	liath
		grocery shop	siopa (m) grósaera
getting up	ag éirí	ground floor	urlár (m) talún
giraffe	sioraf (m)	growling	ag drannadh

guard	garda (m)	have a stomach ache, to	tinneas goile a bheith ar
guest	aoi (m)	have a temperature, to	fiabhras a bheith ar ...
guest house, boarding house	teach lóistín	have a toothache, to	tinneas fiacaile a bheith ar ...
guinea pig	muc (f) ghuine	Having a lovely time	Tá an-saol againn.
guitar	giotár (m)	hay	féar (m)
playing the guitar	ag seinm ar an ngiotár	haystack	cruach (f) fhéir
gymnastics	gleacaíocht (f)	head	ceann (m)
		headache	tinneas (m) cinn

H

		headband	bindealán (m) cinn
		headlight	ceannsolas (m)
		headline	ceannlíne (f)
		headmaster	príomhoide (m)
hail	clocha (f) sneachta	headmistress	ardmháistreás (f)
hailing a taxi	ag glaoch ar thacsaí	headphone	cluasán (m)
hair	gruaig (f)	healthy	sláintiúil
hairdresser	gruagaire (m)	heat	teas (m)
hair-drier	triomadóir (m) gruaige	heavy	trom
hake	colmóir (m)	to be heavy	a bheith trom
half, a	leath (f)	hedgehog	gráinneog (f)
half a kilo	leathchileagram (m)	heel	sáil (f)
half a litre	leathlíotar (m)	height	airde (f)
half past 10	leathuair (f) tar éis a deich	Hello	Dia duit
		helping	ag cabhrú
ham	liamhás (m)	Help yourself!	Tarraing ort!
hammer	casúr (m)	Can I help you?	An féidir liom cabhrú leat?
hamster	hamstar (m)		
hand	lámh (f)	hen	cearc (f)
handbag	mála (m) láimhe	henhouse	cró (m) cearc
hand luggage	bagáiste (m) láimhe	herbs	luibheanna (f)
handshake	croitheadh (m) láimhe	hero	laoch (m)
handsome	dathúil	heroine	banlaoch (m)
to hang on to ...	greim (m) a choinneáil ar ...	hiding	i bhfolach
		hill	cnoc (m)
to hang up ... (telephone)	an glacadán (m) a chur síos	hippopotamus	dobhareach (m)
		His/her name is ...	... is ainm dó/di.
happy	sona	history	stair (f)
to be happy	a bheith sona	hold (ship's)	broinn (f) loinge
Happy Birthday!	Breithlá (m) Sona!	holding on to	ag coinneáil greim ar ...
Happy New Year!	Athbhliain (f) faoi mhaise!		
		holiday	lá (m) saoire
hard	crua	going on holidays	ag dul ar saoire
hard-working	dícheallach	hook (for fishing)	duán (m)
harvesting	ag baint an fhómhair	honey	mil (f)
Have you any small change?	An bhfuil briseadh agat?	honeymoon	mí (f) na meala
		horn	adharc (f)
have a bath, to	ag glacadh folcaidh	horse	capall (m)
have a cold, to	slaghdán a bheith ar ...	horse racing	rásaíocht (f) chapall
		hospital	ospidéal (m)
have hair colour, to	gruaig dhaite a bheith ag ...	hot	te
		I'm hot.	Tá mé te.
have a filling, to	líonadh i bhfiacail	hotel	óstán (m)
have a flat tyre, to	bonn ligthe a bheith ag ...	staying in a hotel	ag fanacht in óstán
		hot water	uisce (m) te
have fun, to	ag déanamh spraoi	hour	uair (f)
have a headache, to	tinneas cinn a bheith ar ...	house	teach (m)

111

How are you?	Conas tá tú?	It's expensive.	Tá sé daor.
How far is it?	Cá fhad é?	It's fine.	Tá sé go breá.
How much?	Cé mhéad?	It's foggy.	Tá ceo ann.
How much do I owe you?	Cé mhéad atá agat orm?	It's good value.	Is fiú go maith é.
		It's raining.	Tá sé ag cur báistí.
How much is it?	Cé mhéad atá air?	It's ready (a meal).	Tá sé réidh.
How old are you?	Cén aois thú?	It's snowing.	Tá sé ag cur sneachta.
hump	cruit (f)	It's windy.	Tá sé gaofar.
hundred, a	céad	It was lovely to hear from you.	B'aoibhinn liom cloisteáil uait.
hunger	ocras (m)		
hungry	ocrach	Italy	An Iodáil (f)
hurrying	ag brostú		
husband	fear céile		

I

J

		jacket	seaicéad (m)
I agree	aontaím	jam	subh (f)
I am sending ... separately.	Táim ag seoladh ... ar leith.	January	Eanáir (m)
		Japan	An tSeapáin (f)
I'll call you back.	Glaofaidh mé ar ais ort.	jeans	brístí (m) géine
		jewellery	seodra (m)
I would like ...	Ba mhaith liom ...	job, profession	gairm (f) bheatha
I'm twenty.	Táim fiche bliain d'aois.	jog, to	ar bogshodar
		joining (to join)	ag ceangal
ice-cream	uachtar (m) reoite	journalist	iriseoir (m)
icicle	birín (m) seaca	judge	breitheamh (m)
ill	tinn	juice	sú (m)
feeling ill	ag mothú tinn	fruit juice	sú torthaí
important	tábhachtach	jug	crúiscín (m)
in	i (sa)	July	Iúil (m)
in (for sports)	istigh	jumper	geansaí (m)
in focus	i bhfócas	June	Meitheamh (m)
in front of	os comhair	jungle	dufair (f)
India	An India (f)		
indicator	táscaire (m)	## K	
ingredient	comhábhar (m)		
injection	instealladh (m)	kangaroo	cangarú (m)
instrument (music)	gléas (m) ceoil	keeping an eye on ...	súil a choinneáil ar ...
inter-city train	traein (f) idirchathrach	kennel	conchró (m)
interesting	suimiúil	keyboard	luibheanchlár (m)
interview	agallamh (m)	kidney beans	pónairí (f) duánacha
in the future	san am atá le teacht	kilo	cileagram (m)
into	isteach i	A kilo of ...	Cileagram de ...
introducing	ag cur in aithne	Half a kilo of ...	Leathchileagram de ...
invite, to	cuireadh a thabhairt do ...	kissing	ag pógadh
		kitchen	cistin (f)
ironing	ag iarnáil	kitten	piscín (m)
Is service included?	An bhfuil an freastal san áireamh?	knee	glúin (f)
		kneeling down	ag dul ar a g(h)lúine
. It costs ...	Cosnaíonn sé ...	to be kneeling	ar a g(h)lúine
It is getting light.	Tá sé ag éirí geal.	knickers	brístín (m)
It is light.	Tá sé ina lá.	knife	scian (f)
It is 1 o'clock.	Tá sé a haon a chlog.	knitting	ag cniotáil
It is 3 o'clock.	Tá sé a trí a chlog.	knitting needles	bioráin (m) chniotála
It's ...	Is/Tá ...	knocking over	ag iompú
It's cold.	Tá sé fuar.		

L

label	lipéad (m)	listening	ag éisteacht
labourer, worker	oibrí (m)	listening to music	ag éisteacht le ceol
ladder	dréimire (m)	listening to the radio	ag éisteacht leis an raidió
lake	loch (m)	litre	líotar (m)
lamb	uan (m)	half a litre	leathlíotar (m)
lamp	lampa (m)	litter bin	bosca (m) bruscair
landing	ag tuirlingt	lively	anamúil
landlady	bean (f) tí	living	ina c(h)ónaí
landlord	fear tí	living in a house	ina c(h)ónaí i dteach
landscape	radharc (m) tíre	living room	seomra teaghlaigh
large (clothes size)	mór	loading	ag luchtú
last	deireannach	long	fada
late	déanach	looking at	ag féachaint ar
to be late	a bheith déanach	looking for	ag cuardach
laughing	ag gáire	loose (not tight)	scaoilte
bursting out laughing	ag scairteadh gáire	lorry	leoraí (m)
		lorry driver	tiománaí (m) leoraí
lawn	faiche (f)	loudspeaker	callaire (m)
lawnmower	lomaire (m) faiche	Love from ... (end of letter)	Do cara buan ...
lawyer	dlíodóir (m)	love, to	grá a thabhairt do
laying eggs	ag breith uibheacha	lovely, beautiful	álainn
laying the table	ag leagan an bhoird	luck	ádh
lazy	leisciúil	Good luck!	Ádh mór ort!
leader	ceannaire (m)	luggage-rack	raca (m) bagáiste
leaf	duilleog (f)	lullaby	suantraí (f)
lean on, to	droim a chur le balla	lunch	lón (m)
learning	ag foghlaim	lunch hour	am (m) lóin
left luggage office	oifig (f) bagáiste	lying down	ag síneadh
left, left side	clé, taobh clé	to be lying down	ina luí
on the left	ar clé		
left wing, the left	eite (f) chlé	## M	
leg	cos (f)		
leg of lamb	ceathrú (f) uaineola	made of metal	déanta de mhiotal
lemon	líomóid (f)	made of plastic	déanta de phlaisteach
length	fad (m)	magazine	iris (f)
lesson	ceacht (m)	mail	post (m)
letter	litir (f)	airmail	aerphost (m)
letter (of alphabet)	litir	main course	an príomhchúrsa (m)
letter box	bosca (m) litreacha	main road	príomhbhóthar (m)
lettuce	leitís (f)	making	ag déanamh
library	leabharlann (f)	make a list, to	liosta a dhéanamh
life	beatha (f)	make a telephone call, to	glaoch teileafóin a chur ar ...
lifeguard	fear/bean tarrthála	to dial the number	an uimhir a dhiailiú
lift	ardaitheoir (m)	make-up	smideadh (m)
light (weight)	éadrom	putting on make-up	ag cur smididh ....
to be light	a bheith éadrom	making, manufacturing	ag déanamh
light	solas (m)	man	fear (m)
It is light.	Tá sé ina lá.	map	léarscáil (f)
It is getting light.	Tá sé ag éirí geal.	March	Márta (m)
lightning	tintreach (f)	margarine	margairín (m)
liner	línéar (m)	market	margadh (m)
lion	leon (m)	street market	margadh sráide
lip	liopa (m)	market stall	stainnín (m) margaidh
lipstick	béaldath (m)	marriage	pósadh (m)
list	liosta (m)	married	pósta
to make a list	liosta a dhéanamh		

marrying	ag pósadh	moustache	croiméal (m)
mascara	mascára (m)	to have a moustache	croiméal a bheith ag
maths	matamaitic (f)	mouth	béal (m)
May	Bealtaine (f)	moving in	ag aistriú go
meadow	móinéar (m)	moving out	ag aistriú ó
measuring	tomhas (m)	mowing the lawn	ag lomadh na faiche
meat	feoil (f)	multiplying	ag méadú
mechanic	meicneoir (m)	music	ceol (m)
media, the	na meáin (m) chumarsáide	classical music	ceol clasaiceach
medium (clothes size)	meánach	pop music	popcheol (m)
meeting	ag bualadh le ...	musician	ceoltóir (m)
melon	mealbhacán (m)	mustard	mustard (m)
member	ball (m)	My name is ...	... is ainm dom.
member of parliament	Teachta (m) Dála		
mending	ag deisiú		

N

menu	biachlár (m)	naked	nocht
metal	miotal (m)	name	aimn (m)
made of metal	déanta de mhiotal	first name	ainm baiste
metre	méadar (m)	surname	sloinne (m)
miaowing	ag meamhlach	His name is ...	... is ainm dó.
midday	meán (m) lae	My name is ...	... is ainm dom.
midnight	meán oíche	What's your name?	Céard is ainm duit?
milk	bainne (m)	napkin	naipcín (m)
milking	ag crú na mbó	narrow	cúng
milking machine	inneall (m) crúite	naughty	dána
Milky Way, The	Bealach na Bó Finne	navy blue	dúghorm
million, a	milliún (m)	near	i ngar
mineral waters	uiscí mianra	neck	muineál (m)
minus	lúide	necklace	muince (f)
minute	nóiméad (m)	needle	snáthaid (f)
mirror	scáthán (m)	needlecraft shop	siopa obair fhuála
miserable	ainnis	neighbour	comharsa (f)
miss the train, to	an traein imithe ar	nephew	nia (m)
mixing	ag meascadh	nest	nead (f)
model	mainicín (m)	net (tennis/fishing)	líon (m)
mole	caochán (m)	Netherlands	An Ísiltír (f)
Monday	An Luan (m)	new	nua
money	airgead (m)	New Year's Day	Lá (m) Coille
to change money	airgead a mhalartú	New Year's Eve	Oíche (f) Chinn Bhliana
to put money in the bank	airgead a chur sa bhanc	Happy New Year!	Athbhliain (f) faoi mhaise!
to take money out of the bank	airgead a tharraingt as an mbanc	New Zealand	An Nua-Shéalainn (f)
monkey	moncaí (m)	news	nuacht (f)
month	mí (f)	newspaper	nuachtán (m)
moon	gealach (f)	newspaper stand	seastán (m) nuachtán
morning	maidin (f)	next day, the	an lá ina dhiaidh sin
8 in the morning, 8 a.m.	a hocht a chlog ar maidin	next Monday	An Luan seo chugainn
this morning	maidin inniu	next week	an tseachtain seo chugainn
mosquito	corrmhíol (m)		
mother	máthair (f)	nice	deas
motor racing	rásaíocht (f) charr	niece	neacht (f)
motorbike	gluaisrothar (m)	night	oíche (f)
motorway	mótarbhealach (m)	nightclub	club (m) oíche
mountain	sliabh (m)	nightdress	gúna (m) oíche
mountaineering	ag sléibhteoireacht	nine	naoi
mouse	luch (f)	999 call	glaoch (m) éigeandála
		nineteen	naoi déag

ninety	nócha
no	Ní hea.
No Entry (road sign)	Ná Téitear Isteach!
No Parking	Cosc ar Pháirceáil!
No Smoking	Ná caitear Tobac!
noisy	glórach
north	tuaisceart (m)
North Pole	An Mol (m) Thuaidh
nose	srón (f)
note (money)	nóta (m) airgid
nothing	neamhní (m)
Nothing to declare.	Níl faic le hadmháil!
novel	úrscéal (m)
November	Samhain (f)
now	anois
nowadays	sa lá atá inniu ann
number plate	uimhirphláta (m)
nurse	banaltra (f)
nurse (male)	banaltra fir

O

oak tree	crann (m) darach
oar	maide (m) rámha
obedient	umhal
It is 1 o'clock.	Tá sé a haon a chlog.
It is 3 o'clock.	Ta sé a trí a chlog.
October	Deireadh (m) Fómhair
office	oifig (f)
offices, office block	bloc oifigí
oil (engine/food)	ola (f)
old	sean
old-fashioned	seanaimseartha
old age	seanaois
older than ...	níos sine ná ...
on	ar
on/in time	in am
one	aon
onion	oinniún (m)
open	oscailte
to open a letter	litir (f) a oscailt
opening	ag oscailt
opening the curtains	ag oscailt na gcuirtíní
opera	ceoldráma (m)
operating-theatre	obrádlann (f)
operation	obráid (f)
opposite	os comhair
orange (colour/fruit)	oráiste (m)
orchard	úllord (m)
orchestra	ceolfhoireann (f)
ordering	ag ordú
ostrich	ostrais (f)
out (for sports)	amuigh
out of	as
out of focus	as fócas
oven	oigheann (m)
over	thar
overtaking	ag dul thar
overtime	ragobair (f)
owl	ulchabhán (m)

P

Pacific Ocean	An Ciúin-Aigéan (m)
packet	paicéad (m)
packing	ag pacáil
paddling	ag lapadaíl
paint	péint (f)
painter	péintéir (m)
painting	ag péinteáil
painting (picture)	pictiúr (m)
pale	éadrom
paper	páipéar (m)
paperback	leabhar (m) cúl páipéir
parcel	beart (m)
parents	tuismitheoirí (m)
park	páirc (f)
park keeper	coimeádaí (m) páirce
parking	ag páirceáil
No Parking	Cosc ar Pháirceáil!
parliament	An Dáil (f)
party (celebration)	féasta (m)
party (political)	páirtí (m) polaitíochta
passenger	paisinéir (m)
passport	pas (m)
past	thart
pastry, small cake	cáca (m)
path (garden/park)	cosán (m)
patient	othar (m)
pattern	sampla (m)
pavement	cosán (m)
paw	lapa (m)
PE	corpoideachas (m)
pea	pís (f)
peaceful	suaimneach
peach	péitseog (f)
pear	piorra (m)
pedestrian	coisí (m)
pedestrian crossing	bealach (m) trasnaithe
pen	peann (m)
ball-point pen	peann gránbhiorach
pencil	peann luaidhe
pencil case	cás (m) pionsailí
penguin	piongain (f)
pepper	piobar (m)
perch, to	ar fara
performing	ag léiriú
perfume	cumhrán (m)
petrol	peitreal (m)
petrol station	stáisiún (m) peitril
filling up with petrol	ag líonadh le peitreal
petticoat, slip	peireacót (m)
photo, photograph	grianghraf (m)
to take a photograph	grianghraf a dhéanamh de
photographer	grianghrafadóir (m)
photography	grianghrafadóireacht (f)
physics	fisic (f)
piano	pianó (m)
pick up the receiver, to	an glacadán (m) a thógáil suas

115

picking	ag piocadh	porter	póirtéir (m)
picking up	ag piocadh suas	porthole	sliospholl (m)
picking flowers	ag cruinniú bláthanna	postal code	seoladh (m) poist
picnic	picnic (f)	post-box	bosca (m) poist
pig	muc (f)	postcard	cárta (m) poist
pigeon	colúr (m)	posting	ag postáil
pill	piolla (m)	postman	fear (m) an phoist
pillow	piliúr (m)	post office	oifig (f) an phoist
pilot	píolóta (m)	potato	práta (m)
pin	biorán (m)	pouring	ag doirteadh
pine tree	crann giúise	powerboat	bád (m) mótair
pink	bándearg	prescription	oideas (m)
pitch (for sports)	páirc (f) peile	present (now)	anois
pitch a tent, to	puball (m) a chur suas	present (gift)	bronntanas (m)
planet	pláinéad (m)	president	uachtarán (m)
plate	pláta (m)	pretty	gleoite
plaits	trilseáin (m)	price	luach (m)
planting, sowing	ag cur síolta	prime minister	taoiseach (m)
plastic	plaisteach (m)	programme	clár (m)
made of plastic	déanta de phlaisteach	pudding, dessert	milseog (f)
platform (station)	ardán (m)	puddle	locháinín (m)
platform ticket	ticéad (m) ardáin	pulling	ag tarraingt
play (theatre)	dráma (m)	pulse	cuisle (f)
player (of games)	imreoir (m)	to take someone's pulse	cuisle duine a bhrath
playful	spórtúil	pupil	dalta (m)
playground	clós (m) scoile	puppy	coileán (m)
playing (children)	ag súgradh	purple	corcra
playing (an instrument)	ag seinm	purring	ag crónán
playing cards	ag imirt cártaí	purse	sparán (m)
playing chess	ag imirt fichille	push-chair	cairrín (m) páiste
playing draughts	ag imirt táiplise	pushing	ag brú
playing football	ag imirt peile	put money in the bank, to	airgead (m) a chur sa bhanc
playing golf	ag imirt gailf	putting	ag cur
playing squash	ag imirt scuaise	putting down	ag cur síos
playing tennis	ag imirt leadóige	pyjamas	culaith (f) leapa
playing the piano	ag seinm ar an bpianó		
Please find enclosed ...	Istigh le seo gheobhaidh tú ...	**Q**	
pleased with	sásta le	quarter, a	ceathrú (f)
ploughing	ag treabhadh	quarter past 10, a	ceathrú tar éis a deich
plug (electric)	plocóid (f)	quarter to 10, a	ceathrú chun a deich
plug (bath/sink)	stopallán (m)	question	ceist (f)
plum	pluma (m)	asking a question	ag cur ceiste
plumber	pluiméir (m)	queuing	ag dul i scuaine
plus (maths)	móide	quiet, calm	suaimhneach
pocket	póca (m)		
poetry	filíocht (f)	**R**	
polar bear	béar (m) bán		
police	gardaí (m)	races	rásaí (m)
police car	carr (m) garda	racing	ag rásíocht
policeman	garda	rabbit	coinín (m)
police station	beairic (f) ghardaí	racket	raicéad
policewoman	bangharda (m)	radiator	raiditheoir (m)
polite	béasach	radio	raidió (m)
politics	polaitíocht (f)	railway	iarnród (m)
pond	lochán (m)	rain	báisteach (f)
pool	linn (f)	rainbow	bogha (m) báistí
pork chop	gríscín (m) muiceola		
port	caladh (m)		

raincoat	cóta (m) báistí	rowing	ag rámhaíocht
raindrop	braon (m) báistí	rowing boat	bád (m) rámhaíochta
raining	ag cur báistí	rubber, eraser	scriosán (m)
It's raining.	Tá sé ag cur báistí.	rubbing	ag cuimilt
rake	ráca (m)	rubbing your eyes	ag cuimilt do shúile
raspberry	sú (f) chraobh	rucksack, backpack	mála (m) droma
raw	amh	rude	míbhéasach
razor	rásúr (m)	ruler	rialóir (m)
reading	ag léamh	running	ag rith
reading a book	ag léamh leabhair	running a bath	ag líonadh an fholcadáin
reading a story	ag léamh scéil		
ready	réidh	running away	ag teitheadh
It's ready (meal).	Tá sé réidh.	runway	rúidbhealach (m)
rearing	ag tógáil		
receipt	admháil (f)	**S**	
receiving	ag fáil		
receiving a present	ag fáil bronntanais	safety/seat belt	crios (m) sábhála
recipe	oideas (m)	sailor	mairnéalach (m)
record (music)	ceirnín (m)	salad	sailéad (m)
record player	seinnteoir ceirníní	salami	salami (m)
record shop	siopa (m) ceirníní	salary	turastal (m)
rectangle	dronuilleog (f)	sale (in shop)	díolachán (m)
red	dearg	salmon	bradán (m)
red, ginger	rua	sales representative	taistealaí (m) tráchtála
red hair	gruaig rua	salt	salann (m)
reed	giolcach (f)	same	céanna
referee	réiteoir (m)	the same age	ar comhaois
relative	gaol (m)	sand	gaineamh (m)
to be related to	a bheith gaolta le	sandals	cuaráin (m)
reserve a room, to	seomra a chur in áirithe	sandcastle	caisleán (m) gainimh
		satchel	mála (m) scoile
reserve a seat, to	suíochán a chur in áirithe	Saturday	An Sathairn (m)
		saucepan	sáspan (m)
reserved seat	suíochán in áirithe	saucer	sásar (m)
restaurant	proinnteach (m)	sausage	ispín (m)
retiring	ag éirí as	saw	sábh (m)
return of post, by	le casadh an phoist	saying	ag rá
return ticket	ticéad(m) fillte	scales	meá (f)
rice	rís (f)	Scandinavia	Críoch (f) Lochlann
riding a bicycle	ag rothaíocht	scarecrow	fear (m) bréige
right side	taobh (m) deas	scarf	scairf (f)
on the right	ar dheis	scenery	radharc (m) tíre
right wing	eite (f) dheas	school	scoil (f)
ring	fáinne (m)	nursery school	naíscoil (f)
ringing	ag bualadh	primary school	bunscoil (f)
ringing the bell	ag bualadh an chloigín	secondary school	meánscoil (f)
ripe	aibí	scissors	siosúr (f)
river	abhainn (f)	scooter	scútar (f)
road	bóthar (m)	score a goal, to	cúl (m) a fháil
roaring	ag búiríl	screwdriver	scriúire (f)
rock	carraig (f)	sea	farraige (f)
roll	rolla (m)	sea bream	garbhánach (m)
roof	díon (m)	seagull	faoileán (m)
room	seomra (m)	seasickness	tinneas (m) farraige
double room	seomra beirte	to be seasick	tinneas farraige a bheith ar . . .
single room	seomra singil		
rose	rós (m)	seaside, at the	cois trá
roundabout (for children)	timpeallán (m)	season	séasúr (m)
		season ticket	ticéad (m) séasúir

English	Irish	English	Irish
seat	suíochán (m)	short	gearr
reserved seat	suíochán in áirithe	to be short	a bheith gearr
seaweed	feamainn (f)	shoulder	gualainn (f)
second (unit of time)	soicind (f)	shouting	ag glaoch
second, the	an dara	shower	cithfholcadh (m)
second class	den dara grád	having a shower	ag glacadh cithfholcaidh
second floor	an dara hurlár		
secretary	rúnaí (m)	shut	dún
See you later.	Feicfidh mé ar ball tú.	shy	cúthail
seeds	síolta (m)	sick	tinn
seeing the sights	ag breathnú na n-iontas	side	taobh (m)
		signpost	cuaille (m) eolais
selling	ag díol	silver	airgead (m)
send a telemessage, to	teiletheachtaireacht (f) a sheoladh	made of silver	déanta d'airgead
		singer	amhránaí (m)
sending	ag cur	singing	ag canadh
I am sending . . . separately	Táim ag seoladh . . . ar leith.	singing out of tune	ag canadh as tiúin
		single room, a	seomra (m) singil
sending a postcard	cárta (m) poist a sheoladh	sink	doirteal (m)
		sister	deirfiúr (f)
sentence	abairt (f)	sitting an exam	ag dul faoi scrúdú
September	Méan (m) Fómhair	sitting by the fire	ina s(h)uí in aice na tine
service	freastal (m)		
Is service included?	An bhfuil an freastal san áireamh?	sitting down, to be	ina s(h)uí
		six	sé
Service is not included.	Níl an freastal san áireamh.	sixteen	sé déag
		sixty	seasca
serving (a meal/sport)	ag freastal	size	méid (f)
seven	seacht	What size is this?	Cén tomhas (m) é seo?
seventeen	seacht déag		
seventy	seachtó	skis	scíonna (m)
sewing	ag fuáil	ski boots	buataisí (f) sciála
shade	scáth (m)	skiing	ag sciáil
shaking	croitheadh (m)	ski instructor	teagascóir (m) sciála
shaking hands	ag croitheadh láimhe le	skilful, good with your hands	sciliúil
shallow	éadomhain	skin	craiceann (m)
shampoo	púdar (m) foltfholctha	ski pole	maide (m) sciála
shape	cruth (m)	ski resort	ionad (m) sciála
shaver, electric	bearrthóir (m) leictreach	skirt	sciorta (m)
		ski slope, ski run	fána (f) sciála
shaving	ag bearradh	sky	spéir (f)
shaving foam	gallúnach (f) bhearrtha	skyscraper	ilstórach (m)
		sledge	carr (m) sleamhnáin
sheep	caora (f)	sleeping	ina c(h)odladh
sheepdog	madra (m) caorach	sleeping bag	mála (m) codlata
sheet	bráillín (f)	sleeping-car	cóiste (m) codlata
shell	sliogán (m)	sleep well	codladh (m) sámh
shellfish	iasc (m) sliogán	to be sleepy	a bheith codlatach
shining	ag soilsiú	slide	sleamhnán (m)
ship	long (f)	slim	seang
shirt	léine (f)	slippers	slipéirí (m)
shoes	bróga (f)	slipping	ag sleamhnú
tennis shoes	bróga gleacaíochta	slope	fána (f)
shops	siopaí (m)	slow	mall
shop assistant	freastalaí (m) siopa	slowing down	ag luasmhoilliú
shopkeeper	siopadóir (m)	small	beag
shopping	ag siopadóireacht	smiling	ag déanamh miongáire
shopping bag	mála (m) siopadóireachta	smoke	deatach (m)
		snake	nathair (f)
shop window	fuinneog (f) siopa	sneeze, to	sraoth (f) a dhéanamh

snoring	ag srannadh	starting	ag tosú
snow	sneachta (m)	station	stáisiún (m)
It's snowing.	Tá sé ag cur sneachta.	statue	dealbh (f)
snowman	fear (m) sneachta	staying in a hotel	ag fanacht in óstán
soaked to the skin	báite go craiceann	steak	stéig (f)
soap	gallúnach (f)	stealing	ag goid
society	cumann (m)	steep	géar
socks	stocaí (m)	steering wheel	roth (m) stiúrtha
sofa	tolg (m)	sticking	ag greamú
soft	bog	sticking plaster	plástar (m)
soil	cré (f)	sting	cealg (f)
soldier	saighdiúir (m)	stomach	bolg (m)
sole	bonn (m)	to have a stomachache	tinneas boilg a bheith ar . . .
someone	duine (m) éicint	story	scéal (m)
son	mac (m)	straight	díreach
only son	aonmhac (m)	straight hair	gruaig (f) dhíreach
sorting out, arranging	ag cur in ord	going straight on	ag dul díreach ar aghaidh
soup	anraith (m)	strawberry	sú (f) talún
south	deisceart (m)	stream	sruthán (m)
South America	Meiriceá (m) Theas	street	sráid (f)
South Pole	An Mol (m) Theas	street light	solas (m) sráide
sowing	ag cur síolta	side street	taobhshráid (f)
space	spás (m)	one way (street)	aontreo
spaceship	spásárthach (m)	stretcher	sínteán (m)
spade	láí	stretching	ag síneadh
spade (smaller/toy)	spád (f)	striped	stríocach
spaghetti	spaigití (m)	strong	láidir
Spain	An Spáin (f)	student	scoláire (m)
Spanish (language/subject)	Spáinnis (f)	studying	ag staidéar
sparrow	gealbhan (m)	subject (of study)	ábhar (m)
spelling	litriú (m)	subtracting	dealú (m)
spending money	ag caitheamh airgid	suburb	bruachbhaile (m)
spices	spíosraí (m)	subway	fobhealach (m)
spider	damhán (m) alla	sugar	siúcra (m)
spinach	spionáiste (f)	suitcase	cás (m)
splashing	ag stealladh uisce	summer	samhradh (m)
spoon	spúnóg (f)	summit	mullach (m)
sport	spórt (m)	sun	grian (f)
sports equipment	fearas (m) spóirt	The sun is shining.	Tá an ghrian ag taitneamh.
spotlight	spotsolas (m)		
spotted	breac	sunbathing	ag déanamh bolg le gréin
sprain your wrist, to	do chaol láimhe a leonadh	Sunday	Domhnach (m)
spring	earrach (m)	sunglasses	spéaclaí (m) gréine
square (shape/in a town)	cearnóg (f)	sunrise	éirí (m) gréine
		sunset	dul faoi na gréine
squash	scuais	sunshade	scáth (m) gréine
playing squash	ag imirt scuaise	suntan lotion	ola (f) ghriandíonach
squirrel	iora (m) rua	supermarket	ollmhargadh (m)
stable	stábla (m)	at the supermarket	ag an ollmhargadh
stage (theatre)	stáitse (m)	supper	suipéar (m)
staircase, stairs	staighre (m)	surgeon	máinlia (m)
stamp	stampa (m)	surname	sloinne (m)
standing up	ag éirí	sweating	ag cur allais
to be standing	ina s(h)easamh	sweet, charming	aoibhinn
star	réalta (f)	sweet (sugary)	milis
starter (meal)	an chéad chúrsa		

sweet-smelling	boladh (m) deas ó
swimming	ag snámh
swimming pool	linn (f) snámha
swing	luascán (m)
switching off the light	ag múcadh an tsolais
switching on the light	ag lasadh an tsolais
Switzerland	An Eilvéis (f)

T

table	bord (m)
bedside table	taisceadán (m)
laying the table	ag leagan an bhoird
tablecloth	éadach (m) boird
tail	eireaball (m)
take a photograph, to	grianghraf a dhéanamh
take someone's pulse, to	cuisle duine a bhrath
take someone's temperature, to	teocht duine a thomhas
take money out of the bank, to	airgead a tharraingt as an mbanc
taking	ag tógáil
taking the bus	ag dul ar an mbus
taking off	ag éirí den talamh
taking out, to draw	ag tarraingt
tall	ard
tame	ceannsa
tanned	griandaite
tap (water)	sconna (m)
tapping the feet	ag preabadh na gcos
tart	toirtín (m)
taste, flavour	blas (m)
tasting	ag blaiseadh
It tastes good.	Tá sé blasta.
taxes	cánacha (f)
taxi	tacsaí (m)
hailing a taxi	ag glaoch ar thacsaí
taxi-driver	tiománaí (m) tacsaí
taxi rank	stad (m) tacsaí
tea	tae (m)
tea towel	éadach (m) soitheach
teacher	múinteoir (m)
teaching	ag múineadh
team	foireann (f)
teapot	taephota (m)
tearing	ag stróiceadh
telegram	teileagram (m)
telemessage	teiletheachtaireacht (f)
telephone	teileafón (m)
telephone area code	códuimhir (f)
telephone box	bosca (m) teileafóin
telephone directory	eolaí (m) teileafóin
telephone number	uimhir (f) theileafóin
to answer the telephone	glaoch a fhreagairt
to dial a number	uimhir a dhialiú
to make a phone call	glaoch teileafóin a chur ar . . .
telescope	teileascóp (m)
television	teilifíseán (m)
temperature	teocht (f)
to have a temperature	fiabhras a bheith ar . . .
to take someone's temperature	teocht duine a thomhas
tenant	tionónta (m)
tennis	leadóg (f)
playing tennis	ag imirt leadóige
tennis court	cúirt (f) leadóige
tennis shoes	bróga (f) gleacaíochta
tent	puball (m)
term	téarma (m)
thanking	ag gabháil buíochais le . . .
Thank you for your letter of . . .	Gabhaim buíochas leat as ucht do litir dár dáta . . .
Thank you very much.	Go raibh maith agat.
That will be ... cost ...	Cosnaíonn sé . . .
thawing	ag coscairt
theatre	amharclann (f)
theatre (operating)	obrádlann (f)
thermometer	teirmiméadar (m)
the third	an triú
thin	tanaí
third	an tríú
third, a	trian (m)
thirteen	trí déag
thirty	tríocha
thirsty	tartmhar
this evening	tráthnóna (m) inniu
this morning	maidin (f) inniu
thousand, a	míle
thread	snáth (m)
three	trí
three-quarters	trí cheathrú
through	trí(d)
throwing	ag caitheamh
thrush	smólach (m)
thumb	ordóg (f)
thunder	toirneach (f)
thunder storm	stoirm (f) thoirní
Thursday	An Déardaoin (f)
ticket	ticéad (m)
airline ticket	ticéad aerlíne
platform ticket	ticéad ardáin
return ticket	ticéad fillte
season ticket	ticéad séasúir

ticket collector	bailitheoir (m) ticéad
ticket machine	inneall (m) ticéad
ticket office	oifig (f) ticéad
tidying up	ag cur slacht ar
tie	carbhat (m)
tiger	tíogar (m)
tight	teann
tights	riteoga (f)
time	am (m)
to be in/on time	a bheith in am
What time is it	Cén t-am é?
times (maths)	faoi
timetable (studies/work)	amchlár (m)
tin	stán (m)
tinned food	bia (m) stáin
tiny	bídeach
tip	barr (m)
to, towards	i dtreo
today	inniu
toe	méar (f) coise
together	le chéile
toilet	leithreas (m)
tomato	tráta (m)
tomorrow	amárach (m)
tomorrow evening	tráthnóna (m) amárach
tomorrow morning	maidin (f) amárach
tongue	teanga (f)
tooth	fiacail (f)
toothache	tinneas (m) fiacaile
to have toothache	tinneas fiacaile a bheith ar
toothbrush	scuab (f) fiacal
toothpaste	taos (m) fiacal
tortoise	tortóis (f)
touch, to	lámh a leagan ar
tourist	turasóir (m)
towel	tuáille (m)
town	baile (m)
town centre	lár (m) an bhaile
town hall	halla (m) baile
toy	bréagán (m)
track	ráille (m)
tracksuit	culaith (f) spóirt
tractor	tarracóir (m)
trade union	ceardchumann (m)
traffic	trácht (m)
traffic jam	brú (m) tráchta
traffic lights	soilsí tráchta
train	traein (f)
the train from	an traein ó ...
the train to	an traein go ...
inter-city train	traein idirchathrach
goods train	traein earraí
traveller	taistealaí (m)
travelling	ag taisteal
travelling by boat	ag taisteal i mbád
tray	tráidire (m)
tree	crann (m)
triangle	triantán (m)
trolley	tralaí (m)
trousers	brístí (m)
trout	breac (m)
trowel	lián (m)
true	fíor
trumpet	trumpa (m)
playing the trumpet	ag seinm an trumpa
trunk (elephant's)	trunc (m)
T-shirt	T-léine (f)
Tuesday	An Mháirt (f)
Tuesday, the 2nd of June	An Mháirt, an dara lá de mhí an Mheithimh
tulip	tiúilip (f)
tune	fonn (m)
turning	ag casadh
turning left	ag casadh ar clé
turning right	ag casadh ar dheis
tusk	starrfhiacail (f)
twelve	dó dhéag
twenty	fiche
twins	cúpla (m)
two	dó
tyre	bonn (m)
to have a flat tyre	bonn ligthe a bheith ag

U

umbrella	scáth (m) fearthainne
uncle	uncail (m)
under	faoi
underground	fobhealach (m)
underground station	stáisiún (m) an fhobhealaigh
underpants (men's)	fobhríste (m)
getting undressed	ag baint a c(h)uid éadaí de (di)
unemployment	dífhostaíocht (f)
United States	Na Stáit (m) Aontaithe
universe	cruinne (f)
unloading	ag díluchtú
up	suas
getting up	ag éirí
upstairs	thuas staighre
going upstairs	ag dul suas an staighre
urgent message stop phone home stop	teachtaireacht (f) phráinneach stad cuir glaoch abhaile stad (m)
useful	úsáideach
usherette	banghiolla (m)
USSR	Aontacht (f) na Soivéide

V

vacuuming	ag folúsghlanadh
valley	gleann (m)
van	veain (f)
veal	laofheoil (f)
vegetable patch	ceapach (f) ghlasraí
vegetables	glasraí (m)
Very well, thank you (answer to 'How are you?').	Go han-mhaith, go raibh maith agat.
vest	veist (f)
vicar	biocáire (m)
video	fís-théipthaifeadán (m)
video camera	ceamara (m) físe
view	radharc (m)
village	sráidbhaile (m)
vine	fíniúin (f)
vinegar	fínéagar (m)
vineyard	fíonghort (m)
violin	veidhlín (m)
playing the violin	ag seinm ar an veidhlín
volume	toirt (f)
voting	vótáil (f)

W

wagging its tail	ag croitheadh a eireabaill
waiter	freastalaí (m)
waiting	ag fanacht
waiting for	ag fanacht le . . .
waiting-room	seomra (m) feithimh
waitress	freastalaí (m)
walk	siúl
to go for a walk	ag dul ag siúl
to go for a stroll	ag spaisteoireacht
to take the dog for a walk	an madra a thabhairt ag siúl
walking barefooted	ag siúl cosnochta
wall	falla (m)
wallet	vallait (f)
wash your hair, to	ag ní do chuid ghruaige
washing	ag ní
washing clothes	ag ní éadaí
washing line	líne (f) éadaigh
washing-machine	measín (m) níocháin
washing-up	ag ní na gréithe
wasp	puch (m)
watch (wrist)	uaireadóir (m)
watching	ag féachaint
watching television	ag féachaint ar an teilifís
water	uisce (m)
mineral waters	uiscí mianra
watering can	canna (m) spréite
water skiing	ag sciáil ar uisce
wave	tonn (f)
way, path	cosán (m)
to ask the way	ag fiafraí eolas an bhealaigh
Which way is . . .	Céard é an bealach?
weak	lag
wearing	ag caitheamh
wearing glasses	ag caitheamh spéaclaí
weather	aimsir (f)
weather forecast	réamhaisnéis (f) na haimsire
wedding	bainis (f)
wedding ring	fáinne (m) pósta
Wednesday	An Chéadaoin (f)
weed	fiaile (f)
weeding	ag gortghlanadh
week	seachtain (f)
weekend	deireadh (m) seachtaine
weighing	ag meá
to weigh yourself	tú féin a mheá
weight	meáchan (m)
well	go maith
to have eaten well	tar éis béile maith a ithe
Very well, thank you (in answer to 'How are you').	Go han-maith, go raibh maith agat.
well, to be	a bheith ar fónamh
wellington boots	buataisí (f) rubair
west	iarthar (m)
What is the weather like?	Cad é an cineál aimsire atá ann?
What size is this?	Cén tomhas (m) é seo?
What's your name?	Céard is ainm duit?
What time is it?	Cén t-am é?
What would you like?	Céard ba mhaith leat?
wheat	cruithneacht (f)
wheel	roth (m)
wheelbarrow	barra (m) rotha
Which way is . . . ?	Céard é an bealach . . .?
whispering	ag cogarnaíl
white	bán
Who's speaking (on the phone)?	Cé atá ag labhairt?
width	leithead (m)
wife	bean (f) chéile
wild	fiáin
wild flowers	bláthanna (m) léana

wind	gaoth (f)
window	fuinneog (f)
window-shopping	ag féachaint isteach sna fuinneoga
shop window	fuinneog siopa
windscreen	gaothscáth (m)
windsurfing	ag clársheoltóireacht
It's windy.	Tá sé gaofar.
wine	fíon (m)
wing	sciathán (m)
winning	ag buachaint
winter	geimhreadh (m)
wiping	ag glanadh
with	le
with balcony	le balcóin (f)
with bathroom	le seomra (m) folctha
without	gan
woman	bean (f)
wood	adhmad (m)
wooden, made of wood	déanta d'adhmad
woodwork	adhmadóireacht (f)
wool	olann (f)
woollen	(éadach) (m) olla
word	focal (m)
worker	oibrí (m)
working	ag obair
world	domhan (m)
I would like . . .	Ba mhaith liom . . .
wrapping	páipéar (m) beartán
wrist	caol (m) láimhe
write a cheque, to	seic (m) a scríobh
write a letter, to	litir (f) a scríobh
writing	ag scríobh
writing paper	páipéar litreach

Y

yawning	ag déanamh méanfaí (f)
year	bliain (f)
yellow	buí
yes	is ea
yesterday	inné
yesterday evening	tráthnóna (m) inné
yesterday morning	maidin (f) inné
yoghurt	eogart (m)
young	óg
younger than . . .	níos óige ná . . .
Yours faithfully,	Mise le meas,

Z

zebra	séabra (m)
zero	náid (f)
zip-fastener	sipdhúntóir (m)
zoo	sú
zoo-keeper	coimeádaí (m) sú

Published in Ireland by
Gill & Macmillan
Hume Avenue, Park West, Dublin 12
with associated companies throughout the world
www.gillmacmillan.ie
© Usborne Publishing Ltd 1988, 2002
© Irish translation 1990, 2004
978 0 7171 3768 8
Printed in Dubai

All rights reserved. No part of this publication may
be copied, reproduced or transmitted in any form
or by any means, without permission of the publishers.